Histoire du Jansénisme

Dans le Diocèse de Nevers

Par l'Abbé J. CHARRIER

Chanoine Honoraire

PARIS

LIBRAIRIE ANCIENNE EDOUARD CHAMPION, Éditeur

5, Quai Malaquais, 5

—

1920

Histoire du Jansénisme

Dans le Diocèse de Nevers

Histoire du Jansénisme

Dans le Diocèse de Nevers

Par l'Abbé J. CHARRIER

Chanoine Honoraire

PARIS

LIBRAIRIE ANCIENNE EDOUARD CHAMPION, ÉDITEUR

5, Quai Malaquais, 5

1920

Extrait du BULLETIN DE LA SOCIÉTÉ NIVERNAISE DES LETTRES, SCIENCES ET ARTS

AVANT-PROPOS

L'idée première de ce livre est due à une circonstance toute fortuite. Les 16, 17 et 18 juin 1911, un Congrès eucharistique diocésain se tenait dans la petite ville de Corbigny (Nièvre), sous la présidence de Mᵍʳ Chatelus, évêque de Nevers. Entre autres questions inscrites au programme et devant faire l'objet de rapports, figurait la suivante : Historique du Jansénisme dans le Nivernais. J'eus l'honneur d'être désigné pour la traiter. Comme on le voit, le sujet était des plus vastes. En raison du temps assigné pour chaque rapport, je ne pus forcément que l'effleurer. Mais, un peu plus tard, l'idée me vint de le reprendre, et, en complétant mon premier travail par de nouvelles recherches, de tracer le tableau des luttes auxquelles donna lieu le Jansénisme dans le diocèse de Nevers. Telle est la genèse du présent ouvrage.

Dans l'histoire de l'Eglise, les controverses théologiques suscitées par l'hérésie janséniste forment une page assez triste. N'est-il pas pénible, en effet, de voir des hommes revêtus du caractère sacerdotal ou épiscopal mesurer au Pape, chef suprême de la catholicité, leur soumission, discuter ses instructions et, par des réticences et des faux-fuyants, s'appliquer à les éluder ? Et pourtant les jansénistes — la plupart du moins — on ne saurait le nier, possédaient de grandes vertus ; à quoi faut-il donc attribuer leur conduite ? A l'orgueil, a-t-on dit. Oui, à un orgueil plus ou moins conscient qui les faisait s'attacher avec trop d'opiniâtreté à leur sens propre, mais, par dessus tout, à leurs préjugés gallicans. Obéir au Pape est le premier devoir de tout membre de l'Église, qu'il soit évêque, prêtre ou simple fidèle ; on ne saurait même être membre de l'Église qu'à cette condition. C'est pour s'être affranchis de ce devoir que les jansénistes, qu'ils le voulussent ou non, devinrent des révoltés et finalement des sectaires.

Il convient de noter, en effet, que ces gens-là entendaient bel et bien demeurer dans l'Église et lui appartenir. C'est ce qui, au témoignage de Joseph de Maistre, donne à l'hérésie janséniste un cachet à part : « Depuis son origine, dit-il, l'Église n'a jamais eu d'hérésie aussi extraordinaire que le Jansénisme. Toutes, en naissant, se sont séparées de l'Église universelle et se glorifièrent même de ne plus appartenir à une Église dont elles rejetaient la doctrine comme erronée sur quelques points. Le Jansénisme s'y est pris autrement. Il nie d'être séparé ; il a l'incroyable prétention d'être de l'Église catholique malgré l'Église catholique (1). »

Les jansénistes rencontrèrent des adversaires redoutables dans les fils de saint Ignace. Tout le venin janséniste est contenu dans les cinq propositions condamnées par la bulle Unigenitus ; aussi est-ce autour du célèbre document pontifical que se concentrèrent les controverses. Pendant que les adeptes de la secte lui faisaient une opposition violente, les jésuites s'en constituaient les fidèles et ardents protagonistes. Dans la chaleur de la lutte, entraînés par leur zèle, il put arriver parfois à ces derniers de dépasser les bornes de la modération ; mais, à bien prendre, n'étaient-ils pas excusables ? Le moyen, en vérité, de contenir son zèle en présence d'un entêtement aveugle et des effets pernicieux produits par les doctrines jansénistes ?

Que, de temps en temps, il s'élève de tels troubles dans l'Église, on ne doit ni s'en étonner ni s'en scandaliser : c'est là le côté humain qui, bien loin de le dissimuler, fait au contraire ressortir et resplendir le côté divin. Cette Église

(1) J. DE MAISTRE, *De l'Église gallicane*, livre 1er, ch. III (Lyon, 1844), p. 18.

n'en continue pas moins son œuvre à travers le monde, comme le soleil continue d'éclairer la terre, en dépit des nuages qui, par moments, voilent sa face.

Persuadé que, comme on l'a dit, il n'y a de vraiment pieux que ce qui est vrai, l'auteur, en composant son travail, a eu constamment présente à l'esprit cette parole de Cicéron préconisée par Léon XIII, comme devant être la première loi de l'historien : « Rien que la vérité, et toute la vérité : Ne quid falsi audeat, ne quid veri non audeat ».

J. C.

HISTOIRE DU JANSÉNISME

DANS LE DIOCÈSE DE NEVERS

NOTIONS PRÉLIMINAIRES

Avant d'aborder l'histoire du Jansénisme dans le diocèse de Nevers, il nous a paru indispensable d'exposer sommairement en quoi consiste cette hérésie, une des plus subtiles qui se soient produites dans l'Eglise au cours des siècles.

Elle peut se résumer ainsi : l'homme n'est pas libre de résister à la grâce, laquelle agit en lui d'une façon invincible, en sorte que s'il se laisse aller au péché, c'est qu'il a manqué des secours nécessaires pour vaincre la tentation. Dieu veut-Il sauver une créature humaine, elle est nécessairement sauvée ; si elle ne l'est pas, c'est qu'Il ne l'a pas voulu. — Jésus-Christ n'est pas mort pour tous les hommes. — Est-ce seulement le petit nombre qui sera sauvé ? L'Eglise ne se

---

Nota. — M. l'abbé J. Paquier, docteur ès-lettres, auteur d'un ouvrage très estimé sur le Jansénisme (*Le Jansénisme, Etude doctrinale* ; Paris, Bloud et Cⁱᵉ, 1919, 2ᵉ édition), a bien voulu examiner notre manuscrit ; nous lui en sommes très reconnaissant.

prononce pas sur ce point qu'elle abandonne à la libre discussion. Pour les jansénistes, il n'y a pas de doute : c'est le petit nombre.

Cette doctrine fut enseignée par Jansénius, évêque d'Ypres, dans un ouvrage intitulé : *Augustinus*, et publié en 1640, deux ans après sa mort. A la fin du xvii⁰ siècle, l'oratorien Quesnel, dans ses *Réflexions morales sur le Nouveau Testament*, émit des idées semblables. On remarquera que la doctrine en question a beaucoup d'analogie avec celles de Luther et de Calvin : protestants et jansénistes sont cousins germains (1). Le Jansénisme est un protestantisme mitigé.

Toutefois, il est un autre livre qui exerça une influence plus néfaste encore et d'une durée beaucoup plus longue, nous voulons parler du traité de *La Fréquente Communion* d'Arnaud. Cet écrit, qui parut en 1643, fit, à proprement parler, la fortune du Jansénisme. Son principe fondamental est celui-ci : « La communion est la récompense d'une vertu avancée et non d'une piété commençante. » L'auteur y pose des règles qui tendent à supprimer la communion fréquente. Il n'envisage jamais la réception de l'Eucharistie comme un remède à la fragilité humaine. Le chrétien vient-il à tomber dans un péché grave, il doit, selon lui, être écarté de la communion, jusqu'à ce que l'habitude du péché soit détruite (2), alors que, d'après l'enseignement orthodoxe, c'est surtout la communion qui aide à détruire cette habitude. De plus, il tient pour essentiel que la pénitence imposée par le confesseur soit accomplie avant la concession de l'absolution, d'où

(1) Voltaire, parlant des uns et des autres, avait déjà prononcé le mot : « Les calvinistes et leurs cousins les jansénistes ».

Voici, d'autre part, le jugement porté par lui sur la secte elle-même :

« Le Jansénisme, secte dure, cruelle et barbare, plus ennemie de l'autorité royale que le presbytérianisme, et, ce qui n'est pas peu dire, plus dangereuse que les jésuites, ce qui devient incroyable ; mais cependant c'est ce qui est ». (*Œuvres*, édition Moland, t. XLIV, p. 163).

(2) C'était aussi l'opinion d'un janséniste, que son rôle, pendant la Révolution rendit célèbre, l'abbé Grégoire. Dans une lettre pastorale sur la confession, il dit :

« Le changement d'un cœur qui a vécu dans le péché doit être constaté par de longues épreuves et une continuité d'actions vertueuses. La religion repousse tous ceux dont la vie n'est qu'une alternative de chutes, de confessions et de rechutes ». (Cité par A. Gazier, *Études sur l'histoire religieuse de la Révolution*, 1887, p. 87).

obligation, pour le pénitent, de se présenter deux fois au saint tribunal.

Avec de tels principes, on peut se demander : Qui donc communiera ? Aussi, le livre d'Arnaud, du « grand Arnaud », comme on disait de son temps, mérite-t-il beaucoup mieux d'être appelé — et tel est le nom que des contemporains lui donnèrent — *L'Infréquente Communion*.

Les maximes d'Arnaud exercèrent une influence profonde ; beaucoup de membres du clergé s'en inspirèrent et en firent même leur règle. Ils les transmirent aux fidèles, et ceux-ci, par un respect mal entendu, s'abstinrent de communier. Dans une lettre que, le 10 septembre 1648, saint Vincent de Paul adressait à l'un de ses prêtres, il dénonçait l'effet pernicieux du livre où ces maximes sont enseignées :

Je vous dirai, Monsieur, qu'il peut être ce que vous dites, que quelques personnes ont pu profiter de ce livre en France et en Italie, mais que, d'une centaine peut-être qui en ont profité à Paris en les rendant plus respectueuses en l'usage des sacrements, il y en a pour le moins dix mille à qui il a nui en les en retirant tout à fait.

Il écrivait, vers le même temps, à un autre, M. d'Horgny :

L'on ne voit plus cette hantise des sacrements qu'on voyait autrefois, non pas même à Pâques. Plusieurs curés se plaignent de ce qu'ils ont beaucoup moins de communiants que les années passées. Saint-Sulpice en a trois mille de moins... L'on ne voit quasi personne qui s'en approche les premiers dimanches du mois et les bonnes fêtes, ou très peu, et guère plus aux religieux (dans les églises des communautés religieuses, si ce n'est encore un peu aux jésuites (1).

Au surplus, beaucoup de personnes trouvaient leur compte aux maximes d'Arnaud. Les jeunes gens de mœurs légères et dissolues embrassaient, avec empressement, une doctrine qui faisait de la privation de la communion la meilleure des pénitences, plus méritoire que le jeûne et l'aumône.

Le livre d'Arnaud eut une influence d'autant plus grande

(1) *Lettres de saint Vincent de Paul*, Paris, 1882, t. I, p. 232. (Lettre du 23 juin 1649).

qu'il fut approuvé par nombre d'évêques et que, déféré à Rome, il n'y fut pas condamné. Il y trouva même — qui le croirait ? — un protecteur dans la personne d'un jésuite, et d'un jésuite considérable, le cardinal de Lugo. Ce prince de l'Eglise, à la fois éminent théologien et philosophe, avait lui-même professé que recevoir la sainte communion tous les jours ne convient qu'à la seule élite des chrétiens, et, comme le faisait observer naguère, en le déplorant, un autre membre de la célèbre Compagnie, « l'autorité de ce grand homme fixa pour longtemps l'opinion du plus grand nombre des directeurs et des docteurs (1) ».

Cependant Rome n'avait pas tardé à s'émouvoir des périls que la doctrine janséniste faisait courir à la foi. En 1642, le pape Urbain VIII prohibe le livre de l'évêque d'Ypres, sans toutefois s'expliquer sur la doctrine qu'il contient. Mais bientôt celle-ci est condamnée explicitement par la Sorbonne, les assemblées du clergé de France, les congrégations romaines et les papes eux-mêmes.

Le 1ᵉʳ juillet 1649, Nicolas Cornet soumet au jugement de la Faculté de théologie, dont il est le syndic, sept propositions extraites de l'*Augustinus* et qu'il disait en être la quintessence. En 1650, quatre-vingt-six évêques français défèrent à Rome les cinq premières des sept propositions que Cornet avait soumises au jugement de la Sorbonne, et trois ans après (1653), le pape Innocent X, dans la bulle *Cum occasione*, les condamne comme hérétiques (2).

Mais les jansénistes ne se tinrent pas pour battus. Le pape, disaient-ils, a condamné ces cinq propositions ; nous les condamnons avec lui, si réellement elles se trouvent dans

---

(1) P. Dudon, *Pour la Communion fréquente et quotidienne*, 1910, p. 28.

Tout en inclinant vers la sévérité en matière eucharistique, le savant et pieux cardinal était loin de professer des doctrines jansénistes, témoin cette déclaration finale de sa Disputatio xviiᵉ sur « l'usage quotidien » de l'Eucharistie : « Pro coronide hujus disputationis, hoc unum monere velim : concionatores regulariter *ad frequentiam* [communionis] *incitare*, tum quia populus in hoc sæculo multo magis inclinat ad raritatis quam ad frequentiæ vitium ; et, si frequentia reprehendatur, facile fiet ut plures suam desidiam reverentiæ velamine simulare velint, tum etiam quia *multo plura inconvenientia ex raritate nascantur quam ex frequentia*... Decet ergo... apud plebem in favorem frequentiæ loqui, prout Sancti Patres et Theologi omnes scolastici fecerunt ».

(2) *Cf.* J. Paquier, *Le Jansénisme*, 1909, p. 160 et suiv.

l'*Augustinus;* mais nous soutenons qu'en fait elles ne s'y trouvent pas. C'était la distinction du *fait* et du *droit;* nos sectaires abandonnaient la question de droit, réservant la question de fait. Relativement à celle-ci, les fidèles, n'étaient pas tenus, selon eux, à une adhésion intérieure, mais seulement à un « silence respectueux ». Tel était l'échappatoire auquel ils avaient recours et l'argument derrière lequel ils se retranchaient. Le pape Alexandre VII, qui venait de succéder à Innocent X, leur enleva cette planche de salut par la publication de sa bulle du 16 octobre 1656, dans laquelle il affirmait que les cinq propositions se trouvaient réellement dans l'*Augustinus* et étaient condamnées dans le sens même de son auteur. Quelques années plus tard (1665), le même pape imposa à tous les ecclésiastiques et à tous les religieux et religieuses de France, sous peine de refus des sacrements, la signature d'un Formulaire par lequel ils déclaraient réprouver les cinq propositions condamnées. Beaucoup ne le signèrent qu'avec restriction; de ce nombre étaient les évêques d'Alet, de Pamiers, d'Angers et de Beauvais, qui, dans un mandement explicatif, se prononcèrent pour le silence respectueux. L'acte de ces quatre prélats faillit amener des complications; on parlait de les déposer, lorsqu'intervint l'accord devenu célèbre sous le nom de « Paix de Clément IX » (1668). En dépit de difficultés passagères, cette paix, qui n'était plutôt qu'une trêve, dura trente-quatre ans.

Mais, en 1702, la publication du « Cas de conscience » réveilla les dissentiments. Ils se prolongèrent pendant plusieurs années. Au moment où ils commençaient à s'apaiser, surgit un nouveau brandon de discorde. L'oratorien Paschase Quesnel venait de publier ses *Réflexions morales sur le Nouveau Testament,* ouvrage plein d'onction, sinon de vraie piété, et dont la troisième édition fut approuvée publiquement et avec de grandes louanges par l'évêque de Châlons, Noailles. Les réflexions de Quesnel reproduisaient les théories de l'irrésistible efficacité de la grâce, de la volonté limitée de Dieu à l'égard du salut des hommes. Aussi le livre souleva de nombreuses critiques et provoqua une agitation qui s'étendit bientôt dans toute la France.

En 1713, sur la demande de Louis XIV et d'un certain nombre d'évêques préoccupés d'y mettre fin le pape

Clément XI, par la Bulle ou Constitution *Unigenitus*,
condamnait solennellement cent une propositions extraites
des *Réflexions morales* du P. Quesnel. Mais la Bulle rencontra en France de l'opposition et y donna naissance à de
violentes disputes. Toutefois, tant que vécut Louis XIV, la
secte, dont ce monarque avait toujours réprouvé les agissements, fut tenue en respect ; mais, à sa mort, elle releva la
tête. On assista alors à une réaction janséniste. Par ordre du
roi défunt, les bâtiments de Port-Royal avaient été démolis ;
les amis des religieuses ne parlaient de rien de moins que
de les faire rebâtir aux frais des jésuites. A Paris, l'opposition
contre ces derniers se traduisait surtout par des chansons.
On chantait :

> *La grâce efficace a pris le dessus ;*
> *Les enfants d'Ignace ne confessent plus (1) :*
> *Ils sont chus dans la rivière*
> *Laire, lanla.*
>
> *Ils sont chus dans la rivière :*
> *Ah ! qu'ils sont bien là !*
> *Laire, lanla.*

Quatre évêques, ceux de Mirepoix, Senez, Montpellier et
Boulogne, en appelèrent de la Constitution *Unigenitus* à un
concile général, et leur exemple fut suivi par une douzaine
d'autres prélats, au nombre desquels était l'ancien évêque de
Châlons, Noailles, devenu archevêque de Paris, et par
beaucoup d'ecclésiastiques et de religieux. Certains diocèses
se remplirent d'appelants ; celui de Paris en comptait plus de
sept cents. Pendant plusieurs années, le royaume fut divisé
en « acceptants » et en « appelants », les premiers soutenus
par l'autorité royale, les seconds par les Parlements (2).

Clément XI condamna l'appel par la Bulle *Pastoralis officii*
qui prononçait l'excommunication contre les appelants (1718).

(1) L'archevêque de Paris, M. de Noailles, venait de leur défendre de prêcher, de confesser et de faire le catéchisme.

(2) On ignore généralement que Bossuet avait entrepris la défense des
Réflexions morales de Quesnel. Dans son Avertissement, il traite de calom-
niateur l'auteur du *Problème ecclésiastique*, qui a trouvé des propositions
jansénistes dans les *Réflexions morales*. Et, comme l'édition visée par l'auteur
du *Problème* est celle de 1696, approuvée par M. de Noailles, il faut en

L'opposition n'en fut pas désarmée ; elle en appela de la Bulle *Pastoralis* comme elle en avait appelé de la Bulle *Unigenitus*. Les polémiques se prolongèrent, de part et d'autre, pendant plusieurs années ; mais, en 1728, moins d'un an avant sa mort, le cardinal de Noailles ayant accepté cette dernière Bulle sans restriction, son exemple fut suivi par la plupart des membres appelants de l'épiscopat. Seuls, les évêques de Montpellier, Colbert de Croisy ; de Troyes, Jacques-Bénigne Bossuet, neveu du grand Bossuet, et d'Auxerre, Charles de Caylus, restèrent inébranlables. Depuis lors, le parti janséniste ne fit que décroître sans pourtant disparaître tout à fait.

Une circonstance pourtant sembla le raviver un moment. En 1715, le jésuite Jean Pichon publia un ouvrage intitulé : *L'Esprit de Jésus-Christ et de l'Église sur la fréquente communion*, dans lequel il enseignait que, pour communier tous les jours, il suffit d'être exempt de péché mortel. Cet écrit donna naissance à un déluge d'ordonnances et d'instructions pastorales sous lesquelles il ne tarda pas à être submergé. Il fut d'ailleurs mis à l'index et condamné par un grand nombre d'évêques français (1). Des jansénistes, comme M. de Caylus, essayèrent de profiter de cette tempête théologique pour remettre en honneur, d'une façon plus ou moins déguisée, les principes d'Antoine Arnaud. Les exagérations de l'auteur de *L'Esprit de Jésus-Christ et de l'Église sur la fréquente communion* servirent, un moment, en effet, la cause du parti janséniste qui ne manqua pas de s'en prévaloir pour se décerner à lui-même un brevet d'orthodoxie. Exagérant à leur tour, les jansénistes taxèrent de *pichonisme* toute doctrine qui s'écartait de la leur, et traitèrent de *pichoniste* quiconque n'appartenait pas à la secte. Pendant quelques années, rien ne fut plus répandu, que les appellations de

conclure que, dans la pensée de Bossuet, cette édition était complètement orthodoxe.

Notons encore — le fait est non moins certain — que les quatre prélats appelants de la bulle *Unigenitus* étaient, l'évêque de Mirepoix surtout, les amis de Bossuet. (*Cf. Revue du Clergé français*, livraison du 15 mars 1918, p. 551. Compte rendu de M. Ch. Urbain).

(1) Rome le condamna par deux fois (décrets du 13 août 1748 et du 11 septembre 1750).

pichonisme et de *pichoniste*. Le P. Pichon acquit, de ce fait, une célébrité qu'il n'avait sûrement pas ambitionnée.

Mais si, comme il a été dit plus haut, le parti janséniste disparut, son esprit lui survécut longtemps en France. Il avait réussi à créer une atmosphère, une ambiance dont la masse était comme imprégnée. De pieux fidèles, de saints prêtres étaient imbus de cet esprit de la secte qui auraient repoussé loin d'eux l'idée d'en embrasser les doctrines : jansénistes de pratique, de conduite, nullement de principe ; pour tout dire d'un mot, jansénistes inconscients.

Au commencement de la Révolution, presque tout le clergé janséniste prêtera serment à la Constitution civile, œuvre de gallicans et de jansénistes, et donnera ainsi dans le schisme, tant il est vrai que l'arbre finit toujours par tomber du côté où il penche (1).

On trouvera peut-être que nous nous sommes un peu trop laissé attarder par cet exposé préliminaire ; les détails qu'il contient nous ont semblé nécessaires pour l'intelligence de l'histoire du Jansénisme dans le diocèse de Nevers.

Le diocèse de Nevers, qui correspond aujourd'hui au département de la Nièvre, a été formé de l'ancien diocèse du même nom, d'une partie de celui d'Autun, à partir de la source de l'Yonne, rive droite, jusqu'à Armes inclusivement, et de la partie de celui d'Auxerre, comprise dans le triangle de Surgy à La Charité, la rive droite de la Loire jusqu'à Neuvy et la ligne de Neuvy à Surgy (2). Il s'ensuit que, pour raconter les agissements du Jansénisme dans le diocèse de Nevers actuel, force nous a été d'embrasser les deux parties annexées d'Autun et d'Auxerre, ce qui a compliqué notre tâche et en a augmenté les difficultés.

---

(1) « La Constitution civile du clergé sera une sorte de revanche de la Constitution *Unigenitus* ». CARRÉ, dans *Histoire de France* de LAVISSE et RAMBAUD, t. IX¹, p. 160).

(2) Voir la carte.

PREMIÈRE PARTIE

Le Jansénisme dans l'ancien diocèse de Nevers

Les luttes du Jansénisme dans l'ancien diocèse de Nevers eurent pour théâtre principal la ville de l'évêché; car elles furent, dès le début, circonscrites entre les Jésuites du collège et leurs adeptes, Minimes et Récollets, d'un côté; — la majorité des curés des onze paroisses de Nevers, celle des membres du chapitre cathédral, les Oratoriens, les Génovéfains et les Dominicains, de l'autre. A part quelques exceptions, le clergé, dans les campagnes, semble s'être désintéressé de la querelle; en tout cas, les passions y furent certainement moins vives qu'au chef-lieu du diocèse.

L'influence passait tantôt à l'un, tantôt à l'autre des deux partis, selon que la faveur des prélats qui gouvernèrent le diocèse se portait vers l'un ou vers l'autre. Ce n'est pas à dire cependant que la secte ait le droit de revendiquer comme sien aucun des évêques qui se succédèrent sur le siège de Nevers. Nous l'allons voir : ceux d'entre eux qui lui furent favorables obéissaient à leur tempérament ou aux préjugés de leur éducation, attirés vers Port-Royal par éloignement pour la morale des casuistes. On pouvait d'ailleurs incliner vers le Jansénisme sans pour cela être janséniste. Tout au plus serait-on admis à dire, s'il est permis d'employer cette expression, que ces évêques étaient jansénisants.

I. — Episcopat d'Eustache de Chéry (1645-1666)[1]

A Nevers, les premières escarmouches des disputes théologiques qui troublèrent la France dans la seconde moitié du XVII° siècle et se prolongèrent jusqu'au milieu du XVIII°, commencèrent sous l'épiscopat d'Eustache de Chéry; mais la cause qui les provoqua n'avait rien de local. Elle était due à l'apparition d'un livre publié à Paris en 1657, sans nom d'auteur, et intitulé : *Apologie pour les casuistes contre les calomnies des jansénistes* (2). Ce livre fut dénoncé de tous côtés aux Ordinaires des diocèses par les membres de leur clergé. L'évêque de Nevers, Eustache de Chéry, le condamna l'année suivante. Il y avait été sollicité, comme il le dit lui-même, par « tous les curés » de son diocèse, qui lui avaient adressé, à ce sujet, différentes requêtes, notamment par ceux de sa ville épiscopale. La requête de ces derniers lui fut

(1) Eustache de Chéry avait succédé, le 16 juin 1643, à son oncle et parrain, Eustache Dulys, qui l'avait choisi pour son coadjuteur et le sacra lui-même, avec le titre d'évêque de Philadelphie, dans sa cathédrale, au mois de mai de l'année 1633, assisté de Sébastien Zamet, évêque de Langres, et de Philibert de Brichanteau, évêque de Laon.

A l'époque où Eustache de Chéry fut élevé à l'épiscopat, il cumulait les titres de trésorier de l'église de Nevers, de chanoine de la cathédrale et de curé de Poiseux (PARMENTIER, *Histoire manuscrite des évêques de Nevers*, t. II, p. 305. — Arch. départ. de la Nièvre). Il devint trésorier à l'âge de dix-sept ans, à la suite de la résignation de ce bénéfice faite en sa faveur par son oncle, qui en était alors titulaire. Dans la cléricature, il avait deux frères, dont l'un était vicaire général et l'autre membre du Chapitre cathédral, deux cousins germains, pourvus également chacun d'une prébende canoniale, et un neveu dont, devenu évêque, il fera, à un certain moment, son coadjuteur, comme il l'avait été lui-même de son oncle, mais qu'une mort prématurée empêchera de lui succéder (Arch. départ., série C). L'évêché de Nevers semble avoir été regardé par les Chéry comme un fief qu'ils se transmettaient fidèlement d'oncle à neveu.

Eustache de Chéry était né à Rigny, aujourd'hui hameau dépendant de la commune de Nolay, le 22 novembre 1592 (PARMENTIER, *Hist. manus.*, loc. cit.).

(2) *Apologie pour les casuistes contre les calomnies des jansénistes... par un théologien et professeur en droit canon* (C. P. George PIROT, S. J.).

présentée le 5 juillet 1658. Il y est dit : « Les suppliants seraient inexcusables devant Dieu s'ils ne témoignaient le même zèle que leurs confrères [des autres diocèses] pour le salut de leurs peuples, en les voyant plus dangereusement attaqués qu'aucun des autres, et ayant d'ailleurs l'avantage d'être sous un prélat aussi bien disposé qu'aucun du royaume à conserver la piété évangélique dans le diocèse dont Dieu lui a commis la conduite (1) ».

Le mandement de M. de Chéry portant condamnation de l'ouvrage incriminé est du 8 novembre de la même année. Après s'être plaint de « la licence insupportable de quelques nouveaux casuistes qui remplissent l'Église de livres pleins de pernicieuses maximes d'une morale pharisienne », le prélat y dénonce le livre lui-même, lequel, dit-il, « soutient la pernicieuse doctrine de la probabilité fondée sur le raisonnement purement humain », doctrine qu'il qualifie de « maxime la plus impie », d' « erreur la plus dangereuse », de « venin le plus mortel de la morale chrétienne ».

Il s'agissait de la théorie qu'en théologie morale on appelle probabilisme, lequel peut se définir ainsi : Un système de morale qui, se fondant sur ces deux principes, le premier, qu'une loi douteuse ne lie point la conscience tant qu'elle demeure douteuse ; le second, que toute loi devient douteuse quand elle a contre elle une probabilité solide, en conclut qu'une loi est pratiquement de nul effet sur la conscience toutes les fois qu'elle apparaît, après examen sérieux, comme probablement inexistante. Le prélat, comme on le voit, n'était pas tendre pour cette opinion théologique (2). Beaucoup de

(1) *Requête des curés de Nevers présentée à Mgr leur Evêque, le 5 juillet 1658, contre un livre intitulé :* APOLOGIE POUR LES CASUISTES, etc., *imprimé à Paris, l'an 1657, avec le factum qu'ils lui ont présenté et la censure de mondit seigneur contre le même livre. — In-8° de 8 pages. (S. l. n. d., ni nom d'imprimeur) (Bibl. nat. Ld⁴ 258).*

La requête est signée : Gentil (Jean), curé de Saint-Trohé ; Fleury, curé de Saint-Didier ; Bernard, curé de Saint-Jean ; Guillemeau, curé de Saint-Genest ; Monin, curé de Saint-Laurent ; de Saint-Olivier, curé de Saint-Victor ; Goby, curé de Saint-Etienne, et Damond, curé de Saint-Arigle.

(2) On aurait tort cependant de voir en M. de Chéry un janséniste : bien loin d'être favorable à la secte, ce prélat lui était, au contraire, formellement opposé, ainsi que le prouve le fait suivant : En 1650, à l'occasion de la tenue, à Paris, de l'assemblée du clergé, soixante-huit évêques de ceux qui en faisaient

membres du clergé, à cette époque, pensaient comme lui. Bossuet n'en parle pas avec moins d'âpreté. Il écrit, le 12 juillet 1682, à un de ses correspondants de Rome : « Encore que ce qu'ont fait ces deux papes (Alexandre VII et Innocent XI) soit grand, ce n'est rien faire que de laisser soupirer encore la probabilité, déjà entamée, à la vérité, mais toujours venimeuse, quoique traînante, et qui bientôt se rétablira, si on ne l'achève (1) ».

Les curés de Nevers — la démarche faite par eux et que nous avons rapportée le prouve — étaient ennemis de cette école. Doivent-ils être rangés du côté des jansénistes ? Nous avons des raisons de le croire, bien que nous ne puissions l'affirmer d'une façon absolue, faute de preuves suffisantes. Ce que, par exemple, on est à même de constater, c'est l'existence, entre eux et les jésuites de la résidence de Nevers, d'un antagonisme tantôt latent et tantôt déclaré, mais très réel. Les curés de Nevers se plaignaient de voir leurs églises désertées, grâce au soin qu'avaient eu les bons Pères d'enrôler les fidèles de chaque paroisse dans les diverses confréries — confréries de « messieurs et d'artisans » (2), — de femmes et de jeunes filles — établies dans leur chapelle où ces associations avaient leurs réunions et leurs offices particuliers.

S'il faut en croire ces curés, on ne voyait plus aux paroisses, les jours de dimanche et de fêtes, que quelques servantes envoyées par leurs maîtresses pour y offrir le pain bénit aux

partie, souscrivirent une adresse dans laquelle ils suppliaient le pape Innocent X de censurer les cinq fameuses propositions attribuées à Jansénius ; or, M. de Chéry figure parmi les signataires ; son nom vient le douzième.

(1) Lettre à M. Diroy, professeur en Sorbonne, théologien du cardinal d'Estrées, tous deux traitant, à Rome, les affaires de France durant la tenue de la célèbre Assemblée du clergé.

Il est certain que la morale relâchée n'était pas un mythe. Le 24 septembre 1665 et le 18 mars 1666, Alexandre VII avait déjà condamné quarante-cinq propositions, tant anciennes que nouvelles, *christianæ disciplinæ relaxativæ et animarum perniciem inferentes.* Le mal n'ayant fait que grandir, Innocent XI (2 mars 1679) frappa de censures soixante-cinq propositions extraites de divers auteurs. Pascal n'avait donc pas tout à fait tort. S'il est vrai qu'il tronque et dénature plus d'un texte, il en est d'autres qui sont malheureusement trop exacts et qu'on retrouve à la fois dans les *Provinciales* et dans les censures du Saint-Office.

(2) Les confréries d'hommes n'étaient pas réduites à celles-là seulement ; on comptait encore une confrérie d'écoliers et une confrérie de pénitents.

lieu et place de ces dernières. Quant à eux, il ne leur restait plus — ils le déclarent à l'évêque qu'ils ont saisi de la situation — qu'à « cesser tout service et à aller chercher les peuples dans l'église des Pères jésuites pour y dire la messe de paroisse, leur y lire le prône, leur y distribuer le pain bénit, faire l'aspersion de l'eau bénite et autres fonctions curiales et les rappeler en leurs devoirs ».

C'est évidemment à cet état de choses que, dans la requête citée plus haut, les curés de Nevers font allusion lorsqu'ils disent que « leurs peuples sont plus dangereusement attaqués qu'aucun des autres », et aussi à certain différend survenu quelques mois auparavant à propos d'une prétendue indulgence plénière dont se prévalait — indûment, selon eux — le recteur des Pères jésuites, M' Nicolas Lambert, indulgence, disent les curés, « qu'on ne pouvait gagner qu'en se confessant et en communiant dans sa chapelle chaque troisième dimanche ». Ce même religieux, toujours d'après ses accusateurs, allait jusqu'à prêcher qu' « on tirerait autant d'âmes du purgatoire qu'il se ferait de communions dans son église ».

Ces prétentions déterminèrent les curés à intenter contre les Pères jésuites, devant les deux juridictions ecclésiastique et civile, une action collective (1). Mais ces faits n'ayant pas un rapport direct avec le Jansénisme, nous nous abstenons de les relater, malgré le piquant que ce récit ne manquerait pas d'offrir.

(1) *Récit du différend entre MM. les curés et les Pères jésuites de la ville de Nevers au sujet d'une prétendue Indulgence... ; ensemble la Requête des mêmes curés à Mgr l'évêque et les jugements et sentences rendus au palais épiscopal et au bailliage de la même ville.* — In-4° de 12 pages. Année 1668. (Bibl. nat., LK² 5393). Les Pères jésuites se prévalaient aussi d'un bref du pape Grégoire XIII, en date du 10 juin 1581, lequel accordait aux membres de la Compagnie de Jésus le pouvoir de prêcher et d'administrer les sacrements sans la permission des curés. Une copie déclarée authentique de ce bref existe aux archives de la Nièvre. Elle faisait partie des titres trouvés dans la maison des Pères jésuites de Nevers, à l'époque de leur première expulsion en 1595, et qui furent transportés au trésor de la Chambre des Comptes de la même ville. (*Arch. de la Nièvre, D. 1*). Ce pouvoir eût été exorbitant et eût donné naissance à plus d'un abus si les évêques n'y eussent parfois mis ordre en interdisant aux Pères jésuites d'en user ; car, s'il était spécifié, dans le Bref, qu'ils pouvaient prêcher et administrer les sacrements sans la permission des curés, il n'était pas dit qu'ils fussent autorisés à le faire sans la permission des Ordinaires des diocèses.

II. — Épiscopat d'Edouard Valot (1666-1705) [1]

De 1666 à 1705, c'est-à-dire pendant les quarante années d'épiscopat d'Edouard Valot, successeur d'Eustache de Chéry, l'ancien diocèse de Nevers fut assez tranquille. Cette période correspond d'ailleurs à ce qu'on est convenu d'appeler la « Paix de Clément IX », qui va de 1669 au « Cas de Conscience » (1705). On put craindre un instant qu'il ne fût troublé par l'arrivée à Nevers, en 1678, dans la maison possédée par sa congrégation, d'un oratorien célèbre qui venait d'y être exilé par lettre de cachet, le P. Poisson. Ces craintes se seraient vraisemblablement réalisées, si la sympathie témoignée par l'évêque à ce religieux ainsi qu'au parti janséniste n'eût imposé silence au parti adverse. Le P. Poisson jouit, en effet, de toute la confiance du prélat. Au dire de l'oratorien Batterel, il ne lui manqua que le titre de grand vicaire que l'évêque, prétend-il, s'abstint de lui donner pour ne pas aigrir la cour (2).

Mais s'il n'en eut pas le titre, il en exerça du moins les fonctions ; amis et adversaires sont d'accord sur ce point. « Il gouverna le diocèse pendant vingt ans », disent les premiers. « Il avait la meilleure part au gouvernement du diocèse », disent les seconds (3). Selon toute probabilité, c'est à l'instigation de ce religieux que, vers 1687, Mgr Valot retira son séminaire aux chanoines réguliers de Saint-Martin, qui d'ailleurs, semble-t-il, ne l'avaient accepté que provisoirement, pour le confier aux oratoriens.

Naturellement, pendant son séjour à Nevers, le P. Poisson mit son influence au service de la secte. En 1683, cinq ans à

(1) Promu à l'évêché de Nevers le 8 septembre 1666, il fut consacré à Paris, dans la chapelle de la Sorbonne, le 26 août 1667, par l'archevêque de Sens, Louis de Gondren, assisté de Pierre de Broc, évêque d'Auxerre, et de Jean de Maupeou, évêque de Châlons.

(2) BATTEREL. *Mémoires domestiques pour servir à l'Histoire de l'Oratoire,* publiés par A.-M. P. Ingold et E. Bonnardet (Paris, 1905), t. IV, p. 195.

(3) BATTEREL, *op. laud., loc. cit.*

peine après son arrivée, on l'accusait « de se déclarer hautement pour le parti des novateurs ». Cette attitude excita le
mécontentement des adversaires de ce parti, c'est-à-dire des
jésuites. Le P. de La Chaise, le célèbre confesseur de Louis XIV,
poussé sans doute par ses confrères, se fit, auprès du général
de l'Oratoire, l'organe des mécontents et lui transmit, en ces
termes, leurs griefs : « Le diocèse de Nevers a été exempt
de la contagion des nouveautés jusqu'à ce que le P. Poisson
s'en est vu le maître, au lieu qu'il est maintenant étrange-
ment infesté par les maximes et intrigues de ce Père... Dans
la nouvelle édition du *Rituel* (1), il a supprimé les antiennes
et les litanies de la Sainte Vierge, celles du Saint-Sacrement,
le *Salve Regina*, par l'envie d'ôter à la Vierge le titre de
Mère de la Miséricorde. Il donne communément à lire aux
séminaristes les *Provinciales;* les prêtres qui lui sont dévoués
diffèrent longtemps l'absolution et la communion pour des
bagatelles. Il a voulu introduire la pénitence publique, même
pour des péchés secrets, et il l'eût fait, si Mgr l'Évêque ne
s'y fût opposé. Les religieuses qu'il dirige ont des livres du
parti, disputent au parloir sur la grâce, affectant de soutenir
que Jésus-Christ n'est pas mort pour les pécheurs, que les
cinq propositions ne sont pas condamnées au sens de Jansénius. On ne peut exprimer tout le mal qu'il fait dans le
diocèse par la mauvaise doctrine et les mauvais livres qu'il
répand, par lui et par ses émissaires, ayant la confiance du
prélat et la meilleure part au gouvernement du diocèse (2). »

Dans ces accusations il y a des exagérations évidentes.
Tout d'abord, il n'est guère vraisemblable qu'à la fin du
xvii° siècle, où la pratique de la pénitence publique avait à
peu près totalement disparu, le P. Poisson ait pu songer à
l'imposer, surtout pour des péchés secrets, alors que la primitive Église elle-même, à part de rares exceptions, ne l'exigeait pas pour ces sortes de péchés. Le *Rituel* nivernais de
1689 dit seulement : « Quoique l'usage de la pénitence
publique, pour les péchés publics, soit assez rare aujourd'hui,
il suffit cependant que le saint Concile de Trente ait souhaité

(1) Édition de 1689. Cette édition se trouve à la Bibliothèque de la ville de
Nevers (Partie nivernaise, n° 10).

(2) BATTEREL, *Mémoires domestiques*, t. IV, p. 195.

qu'il fût, en certains cas, rétabli, pour devoir mettre ici la formule des prières dont il faut accompagner cette pratique (1) ».

Il spécifie, en outre, que la pénitence publique ne portera que sur « des péchés notoires et scandaleux », c'est-à-dire sur des fautes publiques et que le droit de l'imposer est réservé à l'évêque.

Quant aux litanies de la Sainte Vierge et au *Salve Regina*, il est exact que ces prières ont été supprimées ; mais la responsabilité d'une semblable suppression incombait à l'évêque et à l'évêque seul, sans l'autorisation ou l'approbation duquel elle n'avait pu s'effectuer. Au reste, ce ne sont pas seulement les litanies de la Sainte Vierge qui ont été supprimées dans la nouvelle édition, celles du Saint Nom de Jésus et du Saint-Sacrement le furent également ; or, on tomberait dans l'absurde si on allait soutenir que, par cette autre suppression, l'évêque ou le P. Poisson — puisque l'on veut que ce soit ce dernier qui en soit l'auteur — s'est proposé de ravir à Notre-Seigneur un de ses attributs, celui de Père des miséricordes, par exemple, comme « il a eu envie d'ôter à la Vierge le titre de Mère des miséricordes ». A ce compte, il faudrait en dire autant des papes qui ont édité le *Rituel* romain actuellement en usage, car les antiennes de la Sainte Vierge, ses litanies ainsi que le *Salve Regina*, n'y figurent pas davantage, et aussi bien ne doivent-ils pas y figurer. Un rituel n'est pas un antiphonaire ni un livre d'Heures (2).

En 1698, c'est-à-dire dans les dernières années de l'épiscopat d'Edouard Valot, le P. Poisson fut, par ordre de la cour, exilé à Vienne, en Dauphiné. S'il faut en croire les Orato-

(1) Page LXXII de la préface.

(2) Nous lisons dans un ouvrage récent : « *Les Jansénistes ne furent point ces orgueilleux que le Salve Regina exaspérait* ». (Charles FLACHAIRE, *La Dévotion à la Vierge dans la littérature catholique au commencement du XVIIe siècle*, p. 174. — In-8°. Paris, 1916).

A l'appui de son affirmation, l'auteur cite cette prière à la Vierge dans les Constitutions de Port-Royal : « Sainte Vierge, qui êtes notre *Reine*, notre *médiatrice* et notre *advocate*, réconciliez-nous avec votre Fils ».

Il affirme ailleurs que Port-Royal fut « fort dévot à la Vierge ». « Sans doute, ajoute-t-il, les adversaires de Port-Royal, toujours disposés à croire qu'une dévotion animée d'un autre esprit que la leur, plus défiante de la superstition,

riens (1), cette disgrâce était due aux intrigues concertées des Jésuites et du curé de Saint-Arigle, Bargedé, auquel le P. Poisson avait fait donner, peu de temps auparavant, le titre de vicaire général, et qui, à la mort d'Edouard Valot, deviendra évêque de Nevers. La *Gazette de Hollande* relatait l'événement en ces termes : « Le fameux P. Poisson, de l'Oratoire, vient d'être envoyé, par ordre de la cour, de Nevers à Vienne, en Dauphiné, après avoir gouverné le diocèse pendant vingt ans ».

III. — Épiscopat d'Edouard Bargedé (1705-1719) [2]

Si Edouard Valot pouvait être suspecté d'attaches jansénistes, il n'en était pas de même de son successeur, Edouard Bargedé. Dès le premier jour, celui-ci se posa en

plus préoccupée de rigorisme, était la négation même de toute piété, ont reproché ouvertement aux Jansénistes d'avoir ignoré la piété mariale. Ce grief souvent répété eut le succès d'autres calomnies. Que de gens parfaitement sincères se font encore aujourd'hui une idée fausse de la « Fréquente communion » (d'ARNAUD) ou du prétendu Christ aux bras étroits, symbole de la « dureté » inclémente ». (p. 82).

En revanche, les Jansénistes s'insurgèrent contre une dévotion toute récente, la dévotion au Sacré-Cœur. Les « Alacoquistes » ou « Cordicoles » furent violemment attaqués par eux.

« Il fallut un siècle d'efforts pour obtenir de Rome un bref autorisant ce culte, et le bref de Clément XIII (6 février 1765) autorisant la fête, non du cœur *matériel*, mais du cœur *symbolique* ». (Id. op. p. 153, note 1).

L'auteur de l'ouvrage posthume cité, ancien élève de l'École normale supérieure, professeur au lycée de Poitiers, est mort au champ d'honneur le 10 septembre 1914. C'était un fervent catholique.

(1) BATTEREL, cité par Ch. PEYRARD, *Notes pour servir à l'histoire du Séminaire de Nevers* (1905), p. 55.

(2) Il occupa le siège épiscopal de 1705 à 1719. Il était né à Corbigny, alors du diocèse d'Autun, et avait fait ses études au séminaire de Nevers. Ordonné prêtre à Autun, son diocèse d'origine, il fut aussitôt pourvu d'un vicariat ; peu après, il obtenait, dans le même diocèse, la cure de Montreuillon, qu'il échangea, plus tard, contre celle de Saint-Arigle, de la ville et du diocèse de Nevers. Là, il fut remarqué par l'évêque Valot qui le choisit pour vicaire général et le nomma, dans la suite, chanoine et grand chantre de la cathédrale. Ce prélat étant devenu infirme, on le détermina à envoyer sa démission

adversaire résolu de la secte (1). Il se fit sacrer en l'église du Noviciat des Pères jésuites, à Paris. C'était dire clairement aux jansénistes : Je ne serai pas des vôtres. Les sentiments du nouvel évêque étaient d'ailleurs connus, en sorte que le choix du lieu de son sacre ne surprit personne.

Sa nomination, on le devine sans peine, jeta l'émoi dans le camp janséniste. Aussitôt il se forma contre le prélat une opposition violente. On essaya de le discréditer par tous les moyens, employant tour à tour la chanson et la satire. On alla jusqu'à se venger sur ses chevaux ; s'il faut en croire un chroniqueur du temps, trois furent trouvés morts le même jour, empoisonnés.

Une circonstance mit le comble à la fureur du parti; nous voulons parler du choix que fit M. Bargedé, pour les deux stations de l'Avent et du Carême qui suivirent immédiatement sa nomination, d'un prédicateur dont tout le talent et l'éloquence furent consacrés à combattre la doctrine janséniste, le P. Elol, récollet. Dans un sermon sur la grâce prêché aux moniales de la Visitation Sainte-Marie, le jour de la fête de la Conversion de saint Paul (25 janvier), ce religieux s'était montré, dit-on, particulièrement agressif. Les moniales, gagnées au parti, et, s'il faut en croire un contemporain, « pires même que Port-Royal », en furent outrées, beaucoup plus que le reste de l'auditoire. Et comme, d'après le même contemporain, la ville était « toute infestée des idées du parti », et cela « par les soins, les instructions des Pères de l'Oratoire, des chanoines réguliers et du théologal » du

au roi, ce qu'il fit au mois de juin 1705 ; en même temps, il priait Louis XIV de lui donner M. Bargedé pour coadjuteur avec future succession. Ce fut son dernier acte; le vieil évêque mourait deux mois plus tard, le 3 septembre. Mgr Bargedé fut accusé par ses ennemis de s'être imposé lui-même au choix de l'évêque affaibli ; mais, comme ils s'abstiennent d'en fournir la preuve, on ne saurait ajouter foi à l'accusation ; vu la source d'où elle émane, elle est au moins suspecte. Un point seulement est certain : c'est que les jésuites, alors en grande faveur à la cour, le recommandèrent chaudement à Louis XIV.

Il fut sacré le 2 mai 1706 (il avait été nommé le 1er novembre 1703 et préconisé le 26 janvier suivant) par Louis-Gaston Fleuriau d'Armenonville, évêque d'Aire, assisté de César de Sabran, évêque de Glandève, et de Jean de Castellan, évêque de Valence.

(1) BATTEREL écrit méchamment : « M. Bargedé n'avait pas hérité des inclinations de M. Valot comme il avait hérité de son évêché ». (Mémoires domestiques, etc. publiés par INGOLD et BONNARDET, t. IV, p. 199).

chapitre, on peut juger quelle agitation produisirent ces prédications où la doctrine orthodoxe était exposée sans ménagement et avec une vigueur tout apostolique. Il s'ensuivit une sorte de révolution qui dura jusqu'à Pâques (1).

Il est certain qu'à l'avènement de Bargedé, à part les jésuites et le groupe de leurs partisans, presque toute la ville de Nevers, clergé et fidèles, était gagnée au Jansénisme. Ainsi, sans parler des Pères de l'Oratoire, qu'on pouvait considérer comme les porte-drapeau du parti, les curés étaient jansénistes; jansénistes aussi les chanoines réguliers de l'abbaye Saint-Martin; janséniste — du moins pour une bonne partie — les membres du chapitre cathédral. Il n'est pas jusqu'aux religieuses des différents monastères qui ne fussent des adeptes de la secte, et non des moins ardentes et des moins obstinées. Nous venons de parler des Visitandines; les Ursulines ne leur cédaient en rien sur ce point, ainsi que le prouve le fait suivant.

Après la fermeture du monastère de Port-Royal (1709), quinze religieuses de chœur et sept converses en furent dispersées. La plupart se retirèrent dans des couvents d'Ursulines; celui de Nevers en reçut deux : Mesdames Levavasseur et Couturier, en religion sœurs Madeleine de Sainte-Ide et Marie de Sainte-Anne (2).

Ainsi la ville de Nevers se trouva, un beau jour, janséniste, comme jadis le monde faillit se réveiller arien.

L'évêque Bargedé ne se laissa pas émouvoir par la levée de boucliers qui accueillit sa nomination. Le 5 août 1707, il publie un mandement portant condamnation de plusieurs ouvrages jansénistes (3). Dans la première partie, le prélat s'applique à prémunir les fidèles contre les novateurs et leurs fausses doctrines :

« Pourquoi, dit-il, dissimuler davantage les dangers aux-

(1) Ch. Peyrard, *Op. cit.*, p. 32.

(2) *Histoire générale de Port-Royal* (Amsterdam, 1757, t. X, p. 29 et suiv.) — Madeleine de Sainte-Ide ne resta pas longtemps à Nevers. Une lettre de cachet prescrivit son transfert, le 11 avril 1710, au monastère de Moulins. Elle y resta jusqu'à sa mort survenue vingt-cinq ans plus tard. La supérieure attesta alors qu'elle était morte en odeur de sainteté. Elle s'était rétractée, le 17 juillet 1710, entre les mains de Jean-Joseph Languet, vicaire général de Lyon, administrateur d'Autun, le siège vacant (plus tard archevêque de Sens).

(3) In-4° de 12 pages. Nevers, Chaillot, imprimeur. (Bibl. nat., Ld⁴ 623).

quels les nouvelles opinions qui se sont répandues dans notre diocèse exposent la pureté de notre foi? Nous remarquons tous les jours trop de mouvements qui ne tendent qu'à grossir le nombre de leurs sectateurs et qu'à les accréditer de plus en plus par des liaisons ou qui se forment ou qui se fortifient d'une manière trop sensible ».

Il explique qu'il a eu recours à la patience, à la douceur et à la force de la vérité, soutenu par l'espoir qu'elles suffiraient à faire rentrer dans le devoir les esprits prévenus, qu'il n'a cessé de les exhorter, de les instruire, de leur marquer ses sentiments en public et en particulier, mais qu'il n'a obtenu aucun résultat. Alors, au cours de ses visites pastorales, il a cherché à découvrir à la fois la nature du mal et les causes qui contribuent le plus à l'entretenir et à le répandre. Pour ne parler que des causes, elles semblent se réduire à deux : la grande estime dans laquelle, bien à tort, on tient la personne et la conduite des novateurs, et les mauvais livres qu'ils prennent soin de distribuer partout où ils peuvent avoir entrée. Les novateurs sont par lui durement démasqués :

« Veillez, mes chers frères, de peur d'être surpris par ces faux docteurs. Ils tâchent de se cacher sous une apparence de réforme; ils ne parlent que de charité et d'humilité: mais comment se pourrait-il faire que ceux qui s'élèvent avec orgueil contre l'Église fussent véritablement humbles, ou que ceux qui ne se font pas scrupule de rompre la paix et de déchirer par des libelles scandaleux la réputation des personnes qui ont assez de zèle pour s'opposer aux progrès de l'erreur, eussent une vraie charité ? Ce sont cependant là ces sortes de docteurs dont quelques-uns d'entre vous veulent être les disciples... Réfléchissez un peu sur la conduite qu'ils ont tenue depuis le commencement des disputes; suivez toutes leurs démarches, et vous ne trouverez en eux qu'une opiniâtreté invincible, toujours déterminés à ne point céder à l'autorité des pasteurs légitimes et à mépriser sans crainte les foudres de l'Église ».

Vient ensuite la condamnation des ouvrages suspects d'hérésie. Parmi ces ouvrages figurent les *Réflexions morales sur le Nouveau Testament*, du P. Quesnel, et un manuel de théologie à l'usage des séminaires, ayant pour titre : *Instructions théologiques*, dont l'auteur était un prêtre de la

Congrégation de l'Oratoire, le P. Juennin. « Cet ouvrage, dit le prélat, renouvelle en différents endroits la doctrine de Jansénius, et nous sommes plus obligé que les autres [évêques] de le condamner, pour désavouer, avec notre prédécesseur, l'usage qu'on en a fait, pendant quelque temps, dans notre séminaire. » Et Mgr Bargedé donne, en passant, ce conseil aux membres de son clergé qui ont fait usage du manuel en question : « Nous ne pouvons assez recommander à tous ceux qui ont étudié sous un pareil maître d'oublier pour jamais ce qu'ils ont pu prendre de mauvais dans son ouvrage et de puiser dans des sources plus pures les eaux vives dont ils doivent arroser le champ qu'ils ont à cultiver (1) ». Puis défense est faite, « sous les peines de droit », à toute personne séculière et régulière du diocèse de lire ou de retenir les livres désignés dans le mandement. Enfin, l'évêque prévient qu'il ne conférera les ordres sacrés, n'accordera de dimissoires, lettres d'*exeat*, provisions pour un bénéfice, quel qu'il soit, ne donnera d'approbation pour prêcher, confesser, instruire qu'aux ecclésiastiques qui auront signé le Formulaire par devant lui ou ses vicaires généraux.

Parmi les membres de l'épiscopat, Bargedé avait été un des premiers à condamner l'ouvrage de Quesnel (2), ce qui attira un instant sur lui l'attention publique et lui valut une passagère notoriété.

Les *Réflexions morales sur le Nouveau Testament* de l'oratorien Quesnel étaient très en honneur auprès des jansénistes ; ils regardaient cet ouvrage presque comme un second évangile ; selon eux, il égalait, s'il ne les surpassait, les livres

(1) Page 8.

(2) Il avait été exactement le second ; le premier fut François-Joseph de Grammont, archevêque de Besançon ; la condamnation portée par celui-ci est du 2 juillet 1707 ; elle précède ainsi d'un mois celle de l'évêque de Nevers. C'est du moins ce que nous apprend M. Albert Lenoy dans son ouvrage *La France et Rome de 1700 à 1715*, et l'on peut se demander si ce n'est pas pour ce motif que cet auteur traite les deux prélats avec quelque dédain. Il écrit :

« Edouard de Bargedé, évêque de Nevers, et François-Joseph de Grammont, archevêque de Besançon, sont deux prélats fort effacés qui ne figurent nulle part dans les mémoires du temps et dont les noms ne mériteraient même pas d'être recueillis, s'ils n'avaient été, pour Quesnel, des ennemis de la première heure ». (*La France et Rome de 1700 à 1715* (1892), p. 293, note).

Les *Réflexions morales* ne furent condamnées à Rome qu'un an après, par décret papal du 13 juillet 1708.

de spiritualité les plus réputés. Ils s'en nourrissaient ; beaucoup en avaient fait leur livre de chevet et comme leur bréviaire (1). On devine, dès lors, l'indignation que sa condamnation souleva parmi les membres de la secte. L'un d'eux essaya de prendre sa défense. Il le fit sous forme de réponse à une lettre qu'il feignit lui avoir été écrite et dans laquelle une dame, qu'il ne désigne pas autrement que sous la dénomination de « Madame la marquise de ** », lui aurait manifesté son étonnement de voir le clergé de France si peu d'accord « touchant la nourriture spirituelle que l'on doit donner aux fidèles (2) ».

La *Réponse à la lettre de Madame la marquise de* ** peut se résumer ainsi : Les *Réflexions morales sur le Nouveau Testament* ont été approuvées par « un évêque mort en odeur de sainteté et dont les cendres opèrent encore tous les jours, par la vertu que Dieu leur a donnée, la guérison de plusieurs maladies » ; elles l'ont été en outre par « Mgr le cardinal de Noailles, archevêque de Paris, qui, par un mandement spécial, fait l'éloge de l'ouvrage dont il recommande et ordonne la lecture *comme contenant ce qu'il y a de plus proportionné* — ce sont les termes du mandement — *à la disposition des fidèles, n'étant pas moins le lait des âmes faibles qu'un aliment solide pour les plus forts* ». Or, on ne s'explique pas qu'un évêque, nouvellement promu, méprise l'autorité de tels personnages ; il insulte à la mémoire du premier et fait injure au second.

En parlant d'« un évêque mort en odeur de sainteté », c'est évidemment à Soanen, ancien évêque de Senez, que l'auteur fait allusion. Soanen avait joui, de son vivant, d'une grande réputation de vertu ; mais ce fut, en même temps, un janséniste irréductible et qui mourut impénitent ; son témoignage, étant celui d'un membre déclaré de la secte, mérite d'être récusé, ou du moins d'être tenu pour suspect. L'auteur de la *Réponse* semble s'en rendre compte, car il n'insiste pas

(1) « Cette Constitution (la Constitution *Unigenitus*) défend de lire un livre que tous les chrétiens disent avoir été apporté du ciel ; c'est proprement leur Akoran » (MONTESQUIEU, *Lettres persanes*, 24e lettre).

(2) *Réponse à la lettre de Madame la marquise de* ** *sur le mandement de Monsieur l'évêque de Nevers*, du 5 août 1707. Manuscrit in-4° de 12 pages (Bibliothèque de la ville de Lyon, n° 1175, fol. 31).

autrement. Mais ce sur quoi, par contre, il insiste, c'est sur l'argument tiré de la différence qui existe, dans la hiérarchie ecclésiastique, entre un prélat occupant le premier siège du royaume, à la fois archevêque et cardinal, et un simple évêque. Bargedé, en condamnant un livre approuvé par Noailles, a manqué gravement à la soumission qu'un inférieur doit à son supérieur : il est digne de blâme. — C'est l'argument d'autorité. L'auteur le développe tout au long des douze pages de son plaidoyer.

On pourrait répondre à notre janséniste que le fait d'un archevêque — cet archevêque fût-il cardinal — approuvant un ouvrage, n'enlève pas à un simple évêque le droit de censurer ledit ouvrage, s'il en juge la doctrine répréhensible. Mais ce n'est pas seulement par là que pèche son argumentation ; elle pèche surtout en ce qu'elle repose tout entière sur une équivoque, équivoque créée à dessein et pour le besoin de la cause. En effet, ce n'est pas, comme l'auteur le laisse croire faussement, M. de Noailles, archevêque de Paris et cardinal, qui avait approuvé le livre — beaucoup plus développé, dans la suite — des *Réflexions morales*, et en avait, sous sa forme première, recommandé la lecture, mais bien le même M. de Noailles, à l'époque, assez éloignée, où ce prélat occupait le siège de Châlons, poste qui ne lui conférait sur son collègue de Nevers aucune supériorité. Par suite, l'argument sur lequel notre auteur élabore sa thèse est sans valeur, et la thèse elle-même, privée de toute base, s'écroule.

S'il faut l'en croire — et ce que nous savons du prédécesseur de M. Bargedé rend la chose assez vraisemblable — l'ouvrage que condamnait le successeur, le prédécesseur « non seulement l'estimait, mais le conseillait comme un livre plein des vérités de la religion chrétienne ».

Selon lui encore, tandis que le second passait son temps « à crier contre le jansénisme », le voyant partout, « à se déclarer avec chaleur et avec peu de justice en faveur d'un parti au préjudice de l'autre », le premier s'appliquait « à tenir la balance droite entre les partis opposés ».

Tel est, brièvement résumé, le pamphlet anonyme. Les pamphlets, et surtout les pamphlets anonymes — à commencer par le plus célèbre de tous, les *Provinciales* — étaient les armes habituelles des tenants de la cabale janséniste. Certes, ces gens-là s'agitaient, bataillaient, mais rarement à visage découvert. Leur guerre était une guerre de frondeurs.

Dans son mandement du 5 août 1707, dont nous avons reproduit quelques extraits, l'évêque Bargedé parle de « disputes » théologiques qui, depuis un certain temps, divisaient l'Eglise de France et qu'il accusait les jansénistes d'entretenir. On peut se demander à quelles disputes le prélat fait allusion. Pour le comprendre, quelques explications sur la situation religieuse du royaume, à cette époque, sont nécessaires.

La « Paix de Clément IX » ou « Paix de l'Eglise » était plutôt un armistice qu'une paix véritable. Les partis n'avaient aucunement désarmé, et il suffisait du moindre incident pour raviver les vieilles querelles depuis assez longtemps assoupies plutôt qu'éteintes. Le « Cas de conscience » fut cet incident. On a donné ce nom à une décision relative au Formulaire, signée par quarante docteurs de Sorbonne et qui déclarait insuffisante, « sur la question de fait », une soumission de respect et de silence.

Presque en même temps, plusieurs évêques s'avisèrent de dénoncer le mandement que le cardinal de Noailles, archevêque de Paris, avait publié quinze ans auparavant, à l'époque où il était évêque de Châlons, et par lequel il accordait son approbation au livre des *Réflexions morales* du P. Quesnel, livre qui, au dire des adversaires des jansénistes, renouvelait les erreurs de l'*Augustinus* de l'évêque d'Ypres.

A la suite de ces deux faits, les disputes reprirent de plus belle. Jamais l'Eglise de France n'avait été aussi divisée. Emu de cet état lamentable, Louis XIV sollicita du pape la condamnation des *Réflexions morales*, dans l'espoir que cette mesure mettrait fin aux querelles religieuses qui désolaient son royaume et troublaient la paix de ses sujets. Clément XI y songeait depuis longtemps. Le 8 septembre 1713, il publia la Constitution ou Bulle *Unigenitus* portant condamnation de cent une propositions extraites du livre dénoncé.

Quelques mois plus tard, à l'occasion de l'Assemblée du clergé qui se tint à Paris en janvier 1714, quarante évêques, réunis, le 23, sous la présidence du cardinal de Rohan, décidèrent d'accepter la Bulle où, comme on disait alors, la

Constitution *Unigenitus*, et rédigèrent un modèle d'Instruction pastorale que les évêques acceptants devaient publier
dans leurs diocèses respectifs, avec la Bulle elle-même traduite
en français. L'évêque de Nevers, Bargedé, était du nombre
de ces quarante prélats (1). Comme on peut le supposer, il
s'empressa de publier une Instruction pastorale dont il avait,
en union avec ses collègues, accepté la paternité et qui
répondait si bien, par ailleurs, à ses sentiments.

Cette Instruction comprend trente-cinq pages in-f^{o}; elle
est adressée aux fidèles. En voici le dispositif, du moins dans
sa partie essentielle :

« Nous défendons à tous les fidèles de l'un et de l'autre
sexe de notre diocèse d'enseigner, écrire ou parler sur lesdites propositions (condamnées), autrement qu'il n'est marqué
dans ladite Constitution, comme aussi de garder, tant ledit
livre (les *Réflexions morales*), que tous autres livres, libelles
ou mémoires, tant manuscrits qu'imprimés, qui ont paru ou
qui pourraient paraître dans la suite pour la défense du livre
ou des propositions condamnées, et d'en conseiller ou auto-
riser la lecture; leur ordonnons d'en apporter ou envoyer
incessamment les exemplaires à notre secrétariat; le tout,
sous peine d'excommunication encourue par le seul fait,
comme il est porté dans ladite Constitution, nous réservant,
et à nos vicaires généraux, le pouvoir d'en absoudre.

» Nous procéderons par les voies de droit contre ceux qui
oseront parler, enseigner, prêcher ou écrire contre ladite
Constitution et soutenir ou insinuer la doctrine qui y est
condamnée... Ordonnons que ladite Constitution, l'acte
d'acceptation et notre présente ordonnance soient lus aux
prônes des messes paroissiales.

» Mandons à tous doyens, chapitres, etc., d'observer ladite
Constitution et notre présent mandement et de veiller à leur
exécution (2). »

---

(1) L'auteur de *La France et Rome* divise les quarante acceptants, dont il
cite les noms, en différents groupes, correspondant au caractère de chacun et
aux mobiles plus ou moins intéressés qui, selon lui, les auraient fait agir. Il
range l'évêque Bargedé dans le groupe des « simples fanatiques, violent par
zèle plus que par profit ». (*Op. cit.* p. 316).

(2) Bibl. nat., Ld³ 606.

Il faut croire que ce document, qui constituait en même temps un acte, fit impression sur nos jansénistes nivernais, car le 25 mai de cette même année (1714), nous voyons le chapitre, à l'unanimité des vingt-trois capitulants (1), quoique après de longues et vives discussions, adhérer à la Bulle, ainsi qu'à la lettre pastorale des quarante évêques (2).

L'assemblée tenue à Paris en janvier 1714 n'était pas réduite à ces seuls prélats; elle en comptait d'autres. Huit de ces derniers, à la tête desquels était le cardinal de Noailles, avaient déclaré ne pouvoir accepter la Constitution. Le décret pontifical rencontra encore plus d'opposition au Parlement de Paris et en Sorbonne. Ces deux assemblées ne consentirent à l'enregistrer que sur l'ordre formel de Louis XIV.

La mort du monarque, survenue le 1ᵉʳ septembre de l'année suivante, enhardit les opposants. Seize évêques écrivirent au duc d'Orléans, régent du royaume pendant la minorité de Louis XV, pour lui demander de provoquer le pape à fournir des explications sur sa Bulle. Quatre d'entre eux en appelèrent même au futur Concile. Le Parlement de Paris et quelques Parlements de province prenaient ouvertement parti contre la Bulle en ordonnant la suppression des mandements épiscopaux dont les auteurs menaçaient les opposants d'excommunication. Dans la capitale et la plupart des autres villes du royaume, l'opinion se prononçait en faveur de ces derniers. La populace s'en mêlait et déchirait aux portes des églises les ordonnances des prélats « constitutionnaires ».

Il existe peu de documents qui aient suscité autant de discussions que cette fameuse Bulle ou Constitution *Unigenitus*. A entendre les jansénistes, la Constitution *Unigenitus* était la source de toutes les erreurs, la destruction des libertés de l'Eglise gallicane, la ruine de la religion, pour tout dire d'un mot, le pire des fléaux (3). Un calembourg courait les

---

(1) Les autres — le nombre des prébendes canoniales s'élevait à trente-cinq (*Gallia christiana*, t. XII, col. 636) — n'avaient pas voix délibérative. Seuls, les chanoines prébendés et qui étaient dans les ordres sacrés jouissaient de ce privilège. (Recueil des Statuts du Chapitre, dit *Livre noir*). Ce recueil est perdu, mais il en existe un exemplaire.

(2) Arch. nat., L., 15.

(3) « Quelle Bulle ! s'écriait un bénédictin de Saint-Maur; il n'y a plus de religion, tout est renversé ».

rues ; on disait : « Le pape ne peut pas vivre longtemps, sa *Constitution* est mauvaise (1) ».

Dès lors, on peut juger du trouble et du désarroi qui résulta, pour nombre d'âmes, de toutes les polémiques auxquelles donna naissance le décret pontifical, sans compter la joie qu'en éprouvèrent les ennemis de l'Eglise. De ce trouble et de cette joie, un contemporain, bien à même d'être renseigné, le janséniste abbé Dorsanne, secrétaire du cardinal de Noailles, grand vicaire et official du diocèse de Paris, a tracé un émouvant tableau : « De toutes parts, lisons-nous dans son *Journal*, on entendait le cri des consciences effrayées ; les incrédules s'en applaudirent ; les hérétiques en triomphèrent et s'en prévalurent ; les libertins en raillèrent ; et de là, ce déluge de vaudevilles et de poésies indiscrètes dont furent inondés tous les cercles et tous les rendez-vous publics. De là, ces conversations frivoles où des savantes en jargon s'érigeaient en théologiennes pour soutenir l'infaillibilité des décrets romains, et où le philosophe et l'ignorant soumettaient les sacrés oracles à leurs critiques insolentes... Le scandale fut universel, et du centre du royaume il passa de province en province, dès que la Bulle y fut répandue. L'agitation dure encore et la tempête n'est pas apaisée (2) ».

S'il y eut scandale, d'où provenait-il, sinon de ceux qui faisaient opposition à la Bulle ?

La réaction survenue à la mort de Louis XIV se fit sentir à Nevers. Les partisans que la secte y comptait, un instant abattus, reprirent confiance. Quelques-uns même de ceux qui, de prime abord, avaient accepté la Bulle, se rétractèrent avec éclat. De ce nombre, furent plusieurs chanoines du chapitre cathédral. On se souvient que le 25 mai 1714, le chapitre tout entier avait adhéré à la Bulle ainsi qu'à la *Lettre* pastorale des quarante évêques. Le 13 novembre 1716, c'est-à-dire dix-huit mois après, onze de ses membres se ravisent et, en séance du chapitre, représentent « que, depuis la conclusion du 25 mai 1714, par laquelle le chapitre paraît avoir reçu la Constitution de notre Saint Père le pape

(1) Lettre de Petitpied de Vaubreuil à son frère Nicolas, le 26 octobre 1713. Citée par A. LEROY, *La France et Rome de 1700 à 1715*, p. 501.

(2) *Journal* de l'abbé DORSANNE, t. I, p. 27.

Clément XI, qui commence par ces mots : *Unigenitus Dei Filius*, et la Lettre pastorale des quarante évêques de France, ils ont ressenti des peines et des agitations de conscience qu'ils ne peuvent supporter plus longtemps... Ladite conclusion du 25 mai 1715 lue, Messieurs ont déclaré que ladite conclusion était nulle de plein droit, qu'elle doit être cassée et annulée, qu'elle sera rayée et biffée du registre des conclusions capitulaires (1) ».

Ces onze dissidents ne formaient, à cette époque, que la minorité ; le parti opposé, celui des « constitutionnaires », comptait quinze membres ; il est vrai qu'au nombre de ces derniers se trouvaient deux Bargedé, l'un et l'autre frères de l'évêque ; les chanoines Avrillon et Corvol, ses cousins, et trois officiers de sa chambre ecclésiastique, les chanoines de Bèze, Velluet et Goussot (2).

Voilà donc le chapitre coupé en deux et déchiré par un véritable schisme, schisme qui existait également entre la partie appelante et l'évêque.

Nos onze chanoines eurent des imitateurs. Leur exemple fut suivi par six curés de la ville sur onze. Ceux-ci rédigèrent un acte collectif de rétractation qu'ils eurent soin d'adresser au cardinal de Noailles, archevêque de Paris, le prélat le plus en vue de l'époque, et que les appelants regardaient comme leur chef, « l'illustre chef de la bande », disaient insolemment leurs adversaires.

S'ils ont accepté la Constitution *Unigenitus*, ils l'ont fait uniquement parce qu'ils étaient persuadés que cette Constitution avait été reçue par tous les évêques et toutes les universités de France, et aussi par amour de la paix, n'ayant pas voulu mécontenter leur évêque qui leur en faisait une obligation. Mais depuis, ayant appris que les choses n'étaient pas telles qu'on le leur avait rapporté, que lui-même et plusieurs de ses collègues, et jusqu'à la Sorbonne, « la première lumière en doctrine », s'étaient refusés à l'accepter, ils

---

(1) *Rétractation du Chapitre de Nevers et des curés d'Erreux, de Nevers, de Toulon, de la publication de la Bulle l'nigenitus*, p. 15. In-12 de 21 pages [s. l.], 1716. (Bibl. nat. Ld⁴ 811. Cf. aussi Arch. nat., I., 15 (Copie manuscrite authentique).

(2) Abbé Ch. Peynard, *Notes pour servir à l'histoire du grand séminaire de Nevers*, (1905), p. 53, note 3.

le priaient très humblement de permettre que « pour rendre témoignage à la vérité et à la sûreté de leurs consciences, ils fassent entre ses mains un désaveu de leur acceptation et une révocation de leur signature, déclarant qu'ils ne prennent point pour règle de leur foi ladite Constitution, laquelle est contraire à la perpétuité de la doctrine de l'Eglise et de leur propre doctrine (1) ».

En dehors de ces six curés de la ville, nous n'avons guère à enregistrer, pour la campagne, que la rétractation du curé de Château-Chinon, Thomelin; c'est du moins la seule que nous connaissons (2).

Les chanoines et les curés rétractants n'avaient pas que les foudres épiscopales à redouter; les lettres de cachet étaient aussi à craindre, surtout dans un temps où le gouvernement les prodiguait. L'abbé de Chéry, trésorier du chapitre, ne tarda pas à en faire l'expérience. Une lettre de cachet datée du 28 du même mois de décembre 1716, mais qui ne lui fut signifiée que le 8 janvier, l'exilait à Saint-Flour, en Auvergne. Cette mesure avait été provoquée par la dénonciation de quelques malveillants qui l'avaient accusé d'avoir lacéré des procès-verbaux de délibérations capitulaires. Le fait était faux. Le secrétaire du chapitre, Chalmeau, qui appartenait à la secte, n'avait trouvé rien de mieux, dans les

---

(1) Ils terminent en suppliant le prélat de leur accorder sa protection. Ils se rendaient compte qu'ils avaient besoin de s'abriter derrière lui pour résister à leur évêque. La lettre est signée : Jean Gilbert, curé de Saint-Trohé docteur en théologie; François Flamand, curé de Saint-Jean, docteur en théologie et syndic des curés de Nevers; Claude Camuzet, curé de Saint-Pierre; Charles de Saint-Olivier, curé de Saint-Victor; François Vincent, curé de Saint-Etienne, et Joseph Moutardier, curé de Saint-Lazare.

(*Rétractation du Chapitre de Nevers et des curés d'Erreur, de Nevers et de Toulon*).

(2) Il l'adressa, lui aussi, mais séparément, au même personnage. Elle est datée du 10 décembre 1716 ; en voici la teneur: « Sachant, Monseigneur, que la bonté et la Providence de Dieu vous ont suscité dans ces temps pour être le protecteur des vérités qui y sont attaquées, je prends sur cela la liberté d'écrire à Votre Grandeur pour la supplier très humblement de recevoir favorablement la rétractation de la Constitution *Unigenitus*, que j'ai l'honneur et la joie de faire entre vos mains. Je le fais d'autant plus volontiers que M. l'évêque de Nevers, trop complaisant pour certaines personnes, en a exigé de moi et de tous les curés du diocèse l'acceptation. Ayez donc agréable, je vous prie, Monseigneur, de recevoir aujourd'hui la révocation que je fais de ma signature par ma présente lettre ». (Bibl. nat., Ld⁴ 896).

jours qui suivirent la fameuse séance du 25 novembre, que de soustraire le registre des délibérations, afin d'empêcher la partie adverse d'y insérer ses protestations ; mais aucune lacération n'avait été effectuée.

Les membres du chapitre, doyen en tête, s'empressent aussitôt d'écrire au duc d'Orléans, alors régent du royaume, pour se porter garants de l'innocence de leur confrère. Ils affirment que ses dénonciateurs ont surpris la religion du roi ou se sont trompés eux-mêmes. Non contents de cela, ils chargent l'un d'entre eux de se rendre à la Cour avec mission de s'employer à rétablir la vérité et à obtenir la réparation de l'injustice (1).

Trois mois s'écoulent sans que la mesure ait été rapportée. Alors l'abbé de Chéry écrit à son tour, de son exil de Saint-Flour, pour se justifier lui-même : sa lettre est adressée également au duc d'Orléans. Il nourrit l'espoir que son innocence sera reconnue, grâce au rapport du commissaire du chapitre de Nevers, et qu'alors son « Altesse royale voudra bien *le* faire rappeler du dur et fâcheux exil où *il* est depuis trois mois privé de tous les sacrements de l'Église ». A l'entendre, sa situation n'était rien moins qu'enviable : quelques jours auparavant, ayant voulu se présenter à la Table sainte pour y recevoir la communion, comme un simple laïque, il s'en était vu interdire l'accès (2). La grâce sollicitée fut enfin accordée, car, deux ans plus tard, nous constatons sa présence à Nevers. Eustache de Chéry s'y agitait même un peu plus qu'auparavant ; il s'était posé comme l'un des principaux meneurs du parti dissident, ce qui prouve que l'exil ne l'avait pas converti.

Le 5 mars 1717, quatre évêques, ceux de Mirepoix, Senez, Boulogne et Montpellier, s'étaient transportés en Sorbonne, et là, avaient déclaré publiquement, par acte authentique, qu'ils en appelaient de la Constitution *Unigenitus* au futur concile. A partir de ce moment, le nombre des opposants se multiplia, et chanoines, curés, religieux et simples fidèles en appelèrent du pape au futur concile.

(1) Lettre du Chapitre de Nevers, au duc d'Orléans, 8 janvier 1716. (Archives des Affaires étrangères, *Mémoires et documents*, n° 1192, fol. 105-107)
(2) *Ibid.*, fol. 123. (Lettre du 1er avril 1716).

Les curés de Nevers ne furent pas des derniers ni des moins empressés. Neuf jours après (14 mars), ils adhèrent à la déclaration des quatre prélats par l'acte d'appel collectif suivant :

Nous, soussignés, François Vincent, curé de Saint-Étienne ; Jean Gilbert, curé de Saint-Trohé ; François Flamand, curé de Saint-Jean ; Claude Camuzet, curé de Saint-Pierre ; Charles de Saint-Clivier, curé de Saint-Victor : Joseph Moutardier, curé de Saint-Lazare, tous prêtres et curés de la ville de Nevers ; et maître Jean Gilly, prêtre, supérieur de l'Oratoire, et François Duchemin, aussi prêtre dudit Oratoire, qui composent à présent ladite communauté de l'Oratoire, ayant su que Nosseigneurs les évêques de Mirepoix, de Senez, de Boulogne et de Montpellier s'étant transportés en Sorbonne, dans l'assemblée de la faculté de théologie de Paris, tenue le 5 mars 1717, auraient lu un acte d'appel par eux interjeté au futur Concile général de la Constitution *Unigenitus*, déclarons pareillement, par ce présent acte, que nous adhérons audit appel en la forme et manière qu'il est conçu, et que nous interjetons aussi appel au futur Concile général, tant de ladite Constitution qui commence par ces mots : *Unigenitus Dei Filius*, de Notre Saint-Père le pape Clément XI, que du mandement de M⁰ l'Évêque de Nevers qui en ordonne la publication, en date du 31 mars 1714. Suivent les signatures [1].

Bargedé fut très mécontent de cette démarche. On était à la veille de l'ordination des Quatre-Temps de carême. Le prélat décida de n'admettre aux ordres que les sujets qui signeraient le Formulaire, et, dans l'instruction qu'il adressa aux ordinands le jour de la cérémonie, il se déclara résolu à user de toute son autorité pour contraindre à la soumission les rebelles. Un acte qu'il accomplit à cette occasion ne fut pas sans les émouvoir.

Quand l'évêque officiait, il appartenait au grand archidiacre du chapitre de remplir les fonctions de sa dignité en l'assistant à l'autel. Or, le grand archidiacre, Rapine de Sainte-Marie, était un des onze chanoines « appelants ». La veille de l'ordination, M. Bargedé lui fit défense d'assister à la cérémonie et d'y remplir ses fonctions habituelles. L'archidiacre avait tout lieu de craindre que son évêque ne prît à son égard

(1) Arch. nat., L, 15 (Jansénisme).

quelque mesure de rigueur; il redoutait une excommunication ou un interdit. Pour conjurer ce danger, il ne vit pas
d'autre moyen que d'implorer la protection du patriarche de
la secte, l'archevêque Noailles. De Nevers, il lui adressa, à la
date du 14 mars 1717, la lettre suivante :

Monseigneur, l'honneur que j'ai de me trouver à la tête du
Chapitre de Nevers, qui se fait un devoir indispensable de
suivre la route que vous lui avez tracée, m'expose plus qu'aucun
autre au ressentiment de M. notre Evêque. Il ne menace que
d'interdit et d'excommunication tous ceux qui, par une profession
publique, ne se conformeront pas à son sentiment. Il a refusé
l'ordination à ceux qui n'ont pas voulu souscrire la Constitution,
quoique les décrets des Parlements défendent d'exiger cette
signature. Il n'a pas jugé à propos de recevoir les respects que je
me suis empressé de lui rendre, comme à mon Evêque, et il m'a
fait dire par son frère, grand vicaire du diocèse, de ne pas me
trouver à l'ordination où mon devoir m'obligeait d'assister en
qualité de grand archidiacre.

J'ai cru, Monseigneur, devoir m'y abstenir (1) cette fois-ci
pour éviter un éclat. Comme c'est le prélude d'un interdit et
peut-être même d'une censure plus violente, j'implore la puissante protection de votre Eminence pour m'en garantir, et je
prends la liberté de lui protester que je serai toujours inviolablement attaché à sa personne et à ses sentiments que je regarde
comme la règle de ma conduite et de ma foi (2).

Trois jours après (17 mars), les curés de Nevers lui écrivent, de leur côté, pour lui faire parvenir une copie de leur
acte d'appel. Ils se plaignent des « vives menaces » du prélat.

(1) On lit ainsi dans le texte.

(2) Bibliothèque Sainte-Geneviève, ms. n° 316, fol. 52. En même temps que le
grand archidiacre Rapine écrivait au cardinal de Noailles, il dénonçait son
évêque au Parlement pour la défense que le prélat lui avait faite d'assister
à la cérémonie d'ordination. C'est du moins ce que nous apprend Mgr Barzedé
lui-même dans une lettre adressée au duc d'Orléans, pour accuser réception
de celle que ce prince avait fait parvenir à tous les évêques de France relativement aux troubles suscités dans le royaume par les appels au futur concile,
et qu'il désirait voir cesser. Après avoir assuré son Altesse royale qu'elle
trouvera en lui un évêque entièrement soumis à ses ordres, le prélat ajoute :
« Jusqu'à présent, j'ai eu une patience à l'épreuve des insultes les plus mar-
quées, et si rien n'a diminué mon zèle, rien aussi, Monseigneur, n'a altéré ma
charité pour ceux même qui ont affecté de l'aigrir. Vous avez eu la bonté
Monseigneur, de faire défense au sieur de Sainte-Marie, mon grand archi-

Ils espèrent qu'à l'abri de la protection que son Eminence
ne leur refusera pas, ils pourront en éviter les effets, comme
aussi les lettres de cachet que le prélat compte obtenir du
Régent (1).

Le surlendemain, un groupe de « curés du diocèse de
Nevers » adhérait également à la déclaration des quatre évêques (2).

Cependant la faction janséniste du chapitre eût bien désiré,
à l'imitation des curés de la ville de Nevers, adhérer, elle
aussi, à l'appel au futur concile ; mais les menaces de l'évêque et sa conduite à l'égard de l'archidiacre Rapine lui en
imposèrent tout d'abord. Elle s'enhardit dans la suite, et, le
12 mars 1717, elle adhérait à son tour (3).

Nous avons parlé plus haut des menaces faites par Bargedé
contre ceux des membres de son clergé qui se porteraient
appelants. Ajournées d'abord, ces menaces furent mises à
exécution dix-huit mois plus tard. Le 7 septembre 1718,
l'évêque publiait un assez long mandement au sujet de la
Constitution *Unigenitus* et des appels qui en ont été inter-

diacre, de faire ses visites dans mon diocèse, et, dès le lendemain qu'il eut
reçu l'ordre de votre Altesse royale, il me fit assigner au Parlement pour le
faire jouir du droit qu'il prétend avoir de me forcer jusque dans ma chapelle
pour assister à mon ordination ». Il termine en demandant au prince une
grâce, celle de « défendre au sieur de Sainte-Marie de poursuivre sa som-
mation, afin que tout demeure tranquille », comme son Altesse royale le
désire. (Archives des Affaires étrangères, *Mémoires et documents*, n° 1189,
fol. 137-138. Lettre du 31 juillet 1717).

(1) Et afin de donner une idée des dispositions de leur évêque, ils citent
ce fait remontant à l'un des jours précédents : « Nous avons l'honneur de
marquer à Votre Eminence qu'à la dernière ordination, il a refusé les ordres
à quatre bénédictins de la congrégation de Saint-Maur, de la ville de Bourges,
pour n'avoir pas voulu signer la Constitution que leur présenta le Père jésuite
(le P. Brassin, supérieur de son séminaire, homme inquiet et qui trouble tout
le diocèse ». (*Recueil des Actes d'appel*, etc. [Cologne, 1737, 3 vol. in fol.]
t. III, p. 188. Bibl. nat., Ld³ 155.)

(2) C'étaient : Joseph Rabuteau, archiprêtre, doyen et curé de Prémery ;
Pierre Nolin, curé de Chazeuil ; Louis Martin, curé de Moussy et archiprêtre
de Lurcy-le-Bourg ; Jean Bruslant, curé d'Oulon ; Pierre Goby, curé de
Frasnay-Saint-Aubin ; Paul Le Merle, curé de Saint-Germain-des-Bois ; Robert
Blondée, curé de Sichamps, et François-Marie Rabuteau, curé de Nolay.
(*Recueil des Actes d'appel*, loc. cit., p. 190.)

(3) Les signataires de l'acte d'appel étaient : Rapine de Sainte-Marie, que
sa mésaventure n'avait point détourné de la démarche ; Gascoing, Claude
Gueneau, Louis-Marie Alixand, Dorean de Blanzy, Laurent Chalmeau, Charles
de Lavarie et Bourgoing de Sichamps (*Idem opus.*, loc. cit., p. 188).

jetés au futur ...ncile » (1). Il y rappelle la doctrine de l'Eglise relativement à la soumission due au Souverain Pontife quand il parle *ex cathedra*, comme il l'a fait pour la bulle *Unigenitus,* soumission indispensable si on veut demeurer inviolablement attaché à la Chaire de Pierre. « C'est, dit-il, dans l'Eglise de Rome, Mère et Maîtresse de toutes les Eglises, que sont tous les principaux fondements de la catholicité ; c'est là qu'est le domaine de la vertu, le centre de l'unité, et c'est à ce centre que toutes les lignes doivent aboutir. Malheur à ceux qui oseraient s'en écarter ». Il constate d'ailleurs que la plupart de ses diocésains et des membres de son clergé ont écouté la voix de leur évêque.

« Demeurez donc, nos chers Frères. conclut le prélat. sincèrement unis à la foi de Pierre ; écoutez la voix de l'Eglise, reconnaissez-la dans la Constitution *Unigenitus ;* croyez fermement que le livre des *Réflexions morales* et les cent-une propositions qui en sont extraites sont justement condamnées. Ne mettez point de bornes à la confiance que vous devez à l'Eglise qui a parlé et qui est la règle vivante que Jésus-Christ a donnée pour assurer et pour fixer votre croyance. Avec elle, vous êtes sûrs de ne vous point tromper ; vous vous présenterez sans crainte au tribunal de Dieu ; et y portant le témoignage d'un cœur docile et soumis, vous y trouverez la récompense et le fruit d'une foi humble et sincère (2) ».

Il ordonne « à tous prêtres, ecclésiastiques séculiers et réguliers, exempts et non exempts, et à tous les fidèles du diocèse, de se soumettre de cœur et d'esprit à la susdite Constitution *Unigenitus,* comme étant un jugement dogmatique de l'Eglise universelle, duquel tout appel est nul ».

Mais l'évêque ne s'en tient pas là ; il édicte des pénalités. Défense est faite à tous ses diocésains, sous peine d'excommunication *ipso facto* et qu'il se réserve d'absoudre, d'interjeter aucun appel de la Constitution *Unigenitus,* « comme aussi de ne rien dire, écrire et faire qui puisse être contraire au respect et à l'obéissance dus au jugement de l'Eglise catholique, ou qui puisse favoriser l'appel de ladite Constitution ».

(1) In-4° de six pages. Communiqué par Mr Billerault, vicaire général de Nevers.
(2) Page 5.

Il enjoint même, sous pareilles peines, à ceux de ses diocésains qui ont interjeté cet appel de « rétracter, révoquer leur
appel dans l'espace de trois mois, à compter du jour de la
publicité des présentes », faute de quoi ils seront déclarés
excommuniés (1).

Dans le même mandement, Bargedé dit que cent-dix évêques de France avaient adhéré à la Bulle *Unigenitus*; il s'ensuit que les dissidents — une vingtaine — ne formaient
qu'une très faible minorité.

Le mandement de l'évêque de Nevers avait été publié et
affiché dans la ville épiscopale le 25 septembre. Un mois
après (2 novembre), malgré les défenses formelles et les
menaces qu'il contenait, neuf membres du chapitre cathédral
faisaient rédiger, par-devant notaire, un acte d'appel au futur
concile. S'ils se sont décidés à accomplir cette démarche,
c'est, expliquent-ils, parce qu'ils ont été « instruits de l'acte
d'appel au futur concile œcuménique interjeté par Nosseigneurs les évêques de Mirepoix, Senez, Montpellier et Boulogne, daté du 1er mars de cette année 1717, et de l'acte
d'adhésion audit appel [fait] par la Faculté de théologie de
Paris, le 5 mars de ladite année ». En même temps, ils
dénoncent le mandement de leur évêque au Parlement de
Paris, en ayant soin d'ajouter qu'ils comptent bien que cette
assemblée condamnera le prélat comme d'abus (2).

Appel au futur concile, appel au bras séculier, tels étaient
les moyens employés par les jansénistes et la façon dont ils
entendaient le respect dû à l'autorité épiscopale.

La partie janséniste du chapitre avait donné le branle; le
clergé paroissial suivit bientôt.

Un des curés de la ville fut chargé par cinq de ses confrères
de se rendre à Paris et de remettre au cardinal de Noailles,

(1) Page 6.

(2) Arch. nat., L. 15 (Jansénisme). Ces neuf chanoines étaient : François
Rapine de Sainte-Marie, chanoine et grand archidiacre; Claude Gueneau,
Gilbert Gascoing, Laurent Chalmeau, Jean-Baptiste Dureau de Blanzy, Louis-
Marie Alixand, Louis Taillandier, Charles de Lavarie et Guillaume-François
Le Bourgoing de Sichamps. Ce dernier, natif de Nevers, était le petit-neveu
du P. de Bourgoing, troisième supérieur général de l'Oratoire.

entre les mains duquel se faisait la centralisation de toutes les pièces de ce genre, leur acte d'appel au futur concile (1).

Ces six curés appelants de la ville de Nevers, nous les connaissons déjà (2).

Le supérieur de la maison de l'Oratoire, Mathurin Courcelles, et huit curés de la campagne, ceux-là mêmes qui avaient rédigé l'acte d'appel de l'année précédente, se joignirent également à eux. Somme toute, cependant, le nombre des appelants, ceux du moins qui nous sont connus, vingt-cinq environ, composaient une bien faible minorité, mais une minorité bruyante et qui formait comme l'état-major du parti. En revanche, celui-ci était grossi de tous ceux qui, n'osant pas s'affirmer par crainte d'encourir les censures épiscopales, lui accordaient leurs sympathies et, en secret, applaudissaient à ses menées.

A Nevers d'ailleurs, était le principal, sinon l'unique foyer de résistance : la secte y comptait, surtout dans le clergé, un groupe important d'adhérents qui, par leurs manifestations retentissantes, pouvaient, au loin, faire illusion.

Aussi l'auteur janséniste du *Recueil des Actes d'Appel* écrivait, non sans quelque exagération : « Le diocèse de Nevers est un de ceux où l'on a eu le plus d'éloignement pour la Constitution *Unigenitus* et de disposition à entrer dans la voie de l'appel ».

Il était tout à fait dans le vrai quand il ajoutait : « Les chanoines et les curés de la ville épiscopale, trompés d'abord sur le bruit faussement répandu d'une acceptation générale de la Bulle et intimidés par les suites fâcheuses que ne manquerait pas d'entraîner après soi une opposition marquée à ce décret, se soumirent à ce que M. Edouard

(1) Une lettre datée du 6 novembre prévenait le cardinal de l'envoi ; elle était ainsi conçue : « Monseigneur, le zèle que Votre Grandeur vient de faire paraître devant le public pour la défense de la vérité ne nous permet pas de rester plus longtemps dans le silence. Nous vous supplions d'agréer que nous nous joignions à Votre Grandeur pour soutenir la même cause qui doit être notre unique objet, par notre acte d'adhésion à vos deux appels qu'un de nos confrères aura l'honneur de présenter à Votre Grandeur, sous peu, à Paris ». (Arch. nat. L. 15.)

(2) Un post-scriptum de la lettre avertit que l'un d'eux est mort depuis six mois ; il n'est pas désigné ; mais, de l'absence du nom du curé de Saint-Trohé, Gilbert, on peut inférer que c'est de lui qu'il s'agit.

Bargedé, leur évêque, exigea à ce sujet ; mais, revenus les uns et les autres assez promptement sur cette première démarche, ils déclarèrent nettement qu'ils ne regardaient point la Bulle comme une règle de foi. La voie de l'appel ayant été ensuite ouverte, les uns et les autres se pressèrent d'y marcher (1) ».

Dès lors, la crise est à l'état aigu. Le notaire apostolique instrumente à chaque instant. Quelques faits montreront à quel degré de tension les choses en étaient arrivées.

Pendant près de quatre ans. l'évêque s'abstint de mettre le pied dans son église cathédrale, « dans notre église », disaient les dissidents du chapitre. Ces derniers s'en plaignaient et lui en faisaient un grief. Ils écrivent au Régent, à la date du 26 mai 1719 : « Nous ne l'avons point vu (l'évêque) depuis près de quatre ans dans notre église, ni aux fêtes solennelles, ni aux fêtes ordinaires. On pourrait supposer que l'appel comme d'abus que le chapitre a fait de son dernier mandement est le sujet de sa séparation ; mais il y avait déjà près de trois ans qu'il s'était éloigné de notre église » (2).

Bargedé avait plus d'une raison d'en agir ainsi, entre autres, les insultes auxquelles, durant les cérémonies, il était exposé de la part de « sept ou huit brouillons », comme il les appelle, de son chapitre (3).

Toutefois, le prélat ne persévéra pas dans ces dispositions. A l'occasion de la fête de saint Cyr et de sainte Julitte, patrons de l'église cathédrale et du diocèse, voulant donner à son chapitre un témoignage de bienveillance et, par là, désarmer ses adversaires, il décida de se rendre à l'église cathédrale et d'y célébrer pontificalement la solennité des saints patrons. Mal lui en prit, comme on va le voir.

Aux premières vêpres de la fête, le trésorier du chapitre,

(1) *Recueil des Actes d'Appel*, t. III, r. 186.

(2) Archives des Affaires étrangères. *Mémoires et documents*, France, n° 1382, fol. 152-153

(3) Au reste, lui-même prit soin de s'en expliquer et de justifier sa conduite sur ce point, dans une lettre adressée au même prince : voici en quels termes : « Ils (les chanoines « brouillons ») se plaignent que je ne suis pas à mon église ! Et en quelle sûreté y serais-je ? N'ont-ils pas fait déserter tous leurs confrères qui n'épousent pas leurs passions ?... Un évêque ne doit jamais s'exposer. et il vaut mieux, pour lui, céder pour un temps que de risquer son autorité et le respect qu'on doit à son caractère. (*Ibid. loc. cit.*, fol. 153-154).

Eustache de Chéry, un des appelants, refusa ostensiblement d'ôter à l'évêque célébrant, comme sa fonction l'y obligeait, sa croix et son camail ; et, au moment où, l'office terminé, le prélat, suivi d'un laquais portant « sa robe et chape », s'apprêtait à sortir du chœur pour rentrer dans son palais, le grand archidiacre, François Rapine de Sainte-Marie, bouscula le laquais et l'obligea à lâcher « robe et chape ». Le lendemain, à la grand'messe, le chanoine Caziot, qui remplissait les fonctions de diacre, ne voulant pas sans doute rester en retard d'aménités sur ses deux confrères, encensa tous les dignitaires présents, à l'exception de l'évêque (1). Il paraît que ces pratiques étaient, sinon dans les rubriques, du moins dans les mœurs du temps. En tout cas, elles prouvent à quel point l'abstention dont la coterie faisait un grief à l'évêque était justifiée.

A la suite des scènes peu édifiantes dont nous venons de parler, Edouard Bargedé quitta Nevers et se retira en son château d'Urzy ; il y était à peine installé qu'il tomba malade. S'étant fait transporter dans son palais épiscopal, il y mourut au bout de trois semaines, le 20 juillet 1719. Il était âgé de soixante-huit ans (2).

, L'archidiacre Rapine de Sainte-Marie, lequel, dans la circonstance, prend le titre de « président », au nom des

(1) Cf. MARILLIER, *La Bulle Unigenitus dans le diocèse de Nevers.* Etude fort incomplète et très superficielle de six pages, insérée dans le volume du compte-rendu du Congrès scientifique des catholiques, tenu à Paris du 1er au 6 avril 1891 (Paris, Picard, 1891), p. 223-228. Cette étude, comme d'ailleurs les ouvrages du même auteur, n'est accompagnée d'aucune référence.

« Les chapitres constituaient alors une puissance avec laquelle l'évêque était obligé de compter, et il leur arriva plus d'une fois, comme dans le cas présent, d'en abuser. « Corps autonomes, privilégiés, presque toujours et partout exempts. Ils sont la première organisation collective que l'évêque rencontre devant lui. Ils forment une vaste corporation qui a sa hiérarchie, ses statuts, son patrimoine. Ainsi les chapitres ont la force du nombre et de l'organisation. Ils ont leur chef qu'ils nomment, le doyen, leurs assemblées, leurs délibérations, leurs registres officiels, la juridiction sur leur église et le cloître canonial et, pour l'exercer, leur official, des officiers, une prison, des sergents ; sur leurs terres, des prévôts et des maires. A cette puissance territoriale, ajoutez enfin la puissance ecclésiastique, le nombre de bénéficiers qu'ils présentent, qu'ils surveillent, soumettent à leur juridiction ou convoquent à leurs synodes ». (S. IMBART DE LA TOUR, *L'Eglise aux débuts du XVIe siècle* dans *Correspondant*, numéro du 10 août 1901, p. 527).

(2) Arch. départ. de la Nièvre, G, 2.

« doyen, chapitre et chanoines de Nevers », se hâta d'en informer le Régent : « Il a plu à Dieu, lui mande-t-il, de nous enlever, hier (sa lettre est datée du 21), Monsieur notre évêque, à trois heures du matin. Les sentiments qu'il a fait paraître en recevant les sacrements de nos mains sont une grande consolation pour tout son clergé. » Il ajoute que ses confrères et lui ne cesseront « d'élever les mains vers le ciel pour demander un prélat selon son cœur et en état de maintenir les libertés de la sainte Église gallicane (1) ».

On a prétendu qu'au cours de sa maladie, M⁀ Bargedé avait fait amende honorable à son chapitre. Nous ne serions pas éloigné de le croire. Pourquoi, en effet, est-ce le chapitre en corps qui lui administre les derniers sacrements ? Pourquoi les vicaires capitulaires sont-ils choisis parmi les appelants ? (2). Enfin, ce passage du mandement que ceux-ci publièrent durant la vacance du siège paraît un argument en faveur de notre thèse : « Les marques de tendresse qu'il (l'évêque) nous a données dans les derniers jours de sa vie sont des preuves éclatantes de la droiture de ses sentiments (3). Il ne parlait plus que de paix, d'union, de charité et faisait assez sentir que, s'il recouvrait la santé, notre église reprendrait bientôt sa première place. Nous aurions vu la concorde régner entre le chef et les membres ; nous aurions vu cette harmonie se répandre en peu de temps dans tous les ordres de ce diocèse, et l'homme ennemi n'aurait plus trouvé le temps de semer la zizanie, ni l'occasion d'entretenir le trouble.. Il n'a pas plu à la justice divine de lui donner le temps d'exécuter de si louables intentions ; mais nous, qui en avons été témoins et qui en devenons les exécuteurs par l'autorité qu'il nous a laissée, nous nous faisons un devoir de vous annoncer la paix qu'il a eue si fort à cœur (4) ».

(1) Arch. des Aff. étrang., *loc. cit.*, fol. 155.

(2) C'étaient : Rapine de Sainte-Marie, le grand archidiacre si durement molesté par l'évêque défunt, et le chanoine Alixand.

(3) Cela vient confirmer ce qu'a dit de l'évêque Bargedé l'auteur cité plus haut, à savoir, qu'il était « violent par zèle plus que par profit ».

(4) *Recueil des Actes d'Appel*, t. III, p. 191. — Il existe un exemplaire de ce mandement à la bibliothèque de la ville d'Angers ; il figure dans la série des manuscrits, où il est coté sous le n° 9 ; mais l'ouvrage auquel nous renvoyons le reproduit intégralement. — Le secrétaire chargé de l'exécution du mandement était le chanoine Chalmeau, encore un appelant.

D'autre part, nous lisons dans le *Journal* de l'abbé Dorsanne : « M. de Bargedé reçut les sacrements de la main de son chapitre et mourut réconcilié en apparence avec les appelants (1) ».

Le lendemain de la mort de Bargedé, un curé de son diocèse consignait l'événement sur le registre de catholicité de sa paroisse, et il y ajoutait ces détails, d'autant plus précieux pour nous qu'ils sont dégagés de tout esprit de parti : « Malgré toutes les qualités qui le distinguaient, il (l'évêque défunt) n'a pas été également aimé de tous ses diocésains. On commença, dans la ville (de Nevers), à lui en vouloir pour avoir ôté, dès lors qu'il fut évêque, le séminaire aux Pères de l'Oratoire et l'avoir transféré à Saint-Sauveur, sous la direction des Pères jésuites. Ensuite vint la Constitution *Unigenitus* de notre Saint-Père Clément XI, dont il se déclara le très zélé défenseur contre le gré de la plus grande partie de son chapitre, de quelques-uns de ses curés et de plusieurs autres personnes de son diocèse qui lui étaient opposés, et appelants, pour la plupart, de ladite Constitution au futur concile où les fauteurs de Quesnel renvoient l'examen de ses *Réflexions morales sur le Nouveau-Testament* ».

Le même curé écrit encore un peu plus loin : « Toute la libéralité de Mgr de Bargedé consistait à donner son zèle à Dieu et rien aux hommes. Je ne parle pas de ses aumônes ; elles sont connues de l'œil qui voit tout. Jamais on ne vit un si fervent constitutionnaire, ennemi déclaré de Quesnel (2) ».

(1) T. III, p. 80, 2ᵉ édit.

(2) Archives de la mairie de Tonry-sur-Abron. Registre de catholicité de l'année 1616 à l'année 1743, p. 124-125. Note de l'abbé Florimond. — Augustin Danboy, curé. — Voir aussi *Soc. acad. nir.*, t. XV, p. 180.

Un autre curé du diocèse, Jean Chevalier, curé de-Rony (1694-1751), consignait la mort du même prélat en ces termes : « Le 20 juillet 1719, messire Edouard Bargedé, évêque, est mort à trois heures du matin en son palais épiscopal. Que Dieu lui fasse miséricorde ! »

Le bon curé avait noté précédemment que Mgr Bargedé était venu à Rony le 7 mai (1719) et y avait, le lendemain, administré le sacrement de confirmation à plus de sept cents personnes. « Il témoigna, ajoute-t-il, beaucoup de satisfaction ; aussi tout le monde fut fort content de sa visite ». (Registre paroissial. *Extrait des registres de catholicité*).

IV. — Épiscopat de Charles Fontaine des Montées
(1719-1740)

Édouard Bargedé eut pour successeur Charles Fontaine
des Montées. Avant son élévation à l'épiscopat, ce dernier
était conseiller au Parlement de Paris et doyen de l'église
cathédrale d'Orléans. Préconisé le 18 septembre 1719, il fut
sacré à Paris deux mois plus tard (12 novembre), en l'église
des carmes déchaussés.

Au témoignage de contemporains, Fontaine des Montées
est le premier évêque de Nevers qui ait invité à sa table des
curés de son diocèse. Le fait semblait alors si extraordinaire
qu'ils ont cru devoir le consigner (1). Il avait d'ailleurs la
réputation d'être le prélat de France le plus riche en patrimoine (2).

A l'encontre de son prédécesseur, le nouvel évêque était
favorable à la secte et réservait à ses membres toutes ses
sympathies, ce qui ne doit pas autrement surprendre de la

(1) DARBOY, Registre cité.

(2) PARMENTIER, *Hist. manus. des évêques de Nevers*, t. II, p. 337. (Arch.
départ. de la Nièvre).

Voici la note élogieuse que le pamphlétaire Gujot Sainte-Hélène consacre à
ce prélat, et dont il a fait suivre l'exemplaire de *l'Histoire manuscrite des
évêques de Nevers* de Parmentier, conservé à la Bibliothèque de la ville de
Nevers : « Le plus riche des évêques de France, il donnait tout ce qu'il avait
aux pauvres et à son église ; toute sa vie il n'a cessé de donner aux indigents
et aux hôpitaux avec qui il partageait le revenu immense de son patrimoine
que ses charités continuelles diminuèrent considérablement. Il donna à Saint-
Cyr (église cathédrale) de magnifiques ornements, l'ostensoir avec lequel on
expose le Saint-Sacrement. Il mourut plein de mérites, à Paris, le 20 février 1740,
au commencement de sa 78e année ».

L'évêché de Nevers était d'ailleurs assez riche par lui-même, quoiqu'il y en
eût de beaucoup plus riches. Dans un document daté de 1721 il est dit que cet
évêché possédait trois mille quatre cents arpents de bois, lesquels constituaient
alors la moitié de ses revenus. En 1790, ces derniers furent évalués à 70.000
livres. Hâtons-nous d'ajouter qu'ils n'étaient pas absolument nets ; des charges
y étaient attachées.

part d'un ancien parlementaire (1). On serait, jusqu'à un certain point, en droit de dire de lui ce que Fénelon disait du cardinal de Noailles, qu'il était « lié dans les filets jansénistes ».

Au rapport d'un contemporain, « dès son arrivée, il montra son attachement aux Pères de l'Oratoire et son indifférence à l'égard des Jésuites, pour ne rien dire de plus (2) ».

C'est à lui qu'on doit la réforme des livres liturgiques du diocèse, missel, bréviaire, graduel, antiphonaire, dont il confia la rédaction au janséniste Le Brun Desmarettes, simple acolyte.

Relevons, à ce sujet, un reproche que les adversaires de la secte ont porté fréquemment contre ses adhérents, celui de ne pas rendre à la Sainte Vierge le culte que l'Eglise lui rend. Les jansénistes s'en sont toujours défendus. En tout cas, ce reproche ne saurait s'appliquer à Mᵍʳ Fontaine des Montées. On lit, en effet, dans la préface du nouveau bréviaire qu'il fit éditer en 1727 :

Après le Seigneur de tous les saints, nous donnons le second rang dans le culte public à celle que l'Eglise salue comme la Reine de tous les saints. C'est pourquoi nous consacrons à son office, ou au moins à sa mémoire, tout le temps qui se trouve entre le premier dimanche de l'Avent et la Purification, ainsi que tous les samedis. Ceux qui ne verraient en cela qu'une nouveauté en trouveront la cause dans notre piété constante envers la Très Bienheureuse Mère de Dieu 3.

(1) Nous lisons dans l'ouvrage manuscrit de Parmentier : « En juin 1720, il souscrivit au corps de doctrine donné par le cardinal de Noailles au sujet de la Bulle *Unigenitus* ». Ce corps de doctrine avait pour but d'amener un rapprochement entre les deux partis.

(2) *Instruction* du P. Brisson (Jésuite), Arch. comm., 66, 57.

(3) Dans cette préface, le prélat indique les principes qui lui ont servi de guide et dont il s'est inspiré pour la réforme du bréviaire de Nevers. Or, il se trouve que ces principes, à quelques différences près, sont les mêmes que ceux qui ont présidé à la réforme du bréviaire entreprise par le pape Pie X. Ainsi Pie X a voulu que le psautier pût être récité en entier chaque semaine ; c'est aussi ce que s'est proposé Fontaine des Montées : « Le psautier, dit-il, sera récité en entier chaque semaine, selon l'antique usage de l'Eglise, usage qu'ont continué de suivre les fondateurs des anciens ordres religieux ». « Il ajoute : « Cette série de psaumes que nous avons assignés à chacune des féries, de la manière qui nous a paru la plus convenable, ne doit jamais être interrompue, quel que soit le degré de la fête ».

On connaît les dispositions édictées par ce même Pie X dans son *Motu*

Cet extrait du mandement placé en tête du missel ne semble pas, non plus, d'un janséniste. Le prélat y affirme sa vénération à l'égard de l'Eglise romaine en des termes qui ne laissent rien à désirer :

Nous avons à cœur, avant tout, de ne rien changer de ce que fait l'Eglise romaine dans la célébration des divins mystères. Néanmoins, nous avons reconnu ou rétabli, autant que nous

proprio du 23 octobre 1913 sur le bréviaire. Elles ont notamment pour but de remettre davantagé en honneur l'office propre du dimanche, ce qui est obtenu par la suppression de toutes les fêtes fixées au dimanche, à l'exception des fêtes de première classe, et encore cette exception ne s'étend-elle pas aux dimanches du carême, lesquels désormais sont privilégiés. L'évêque des Montées a eu la même préoccupation : « Désirant, dit-il, conserver en tout au Seigneur des saints le respect qui lui est dû, et dans la pensée de nous soumettre aux prescriptions de l'antique Concile de Laodicée et de plusieurs autres qui ont reproduit les mêmes canons, nous n'avons admis pour le dimanche aucunes fêtes de saints, à l'exception des fêtes de la Sainte Vierge, des titulaires ou des patrons, de saint Jean-Baptiste et des bienheureux apôtres Pierre et Paul. Si donc, par un zèle mal entendu et non selon la science, à l'égard d'autres saints, on vient à soulever quelques contestations et à attaquer notre manière d'agir, nous répondrons avec saint Augustin : « *Que l'étoile* » *laisse sa lumière s'obscurcir par les rayons du soleil. Parlons plutôt du* » *Seigneur ; un bon serviteur se réjouit en entendant louer son maître.* » (*Serm.* 262) ».
La même prohibition s'étendait à tout le temps de l'Avent, à ceux du Carême, des Quatre-Temps et des autres jeûnes d'obligation, pendant lesquels il ne devait être célébré aucune fête à l'exception des fêtes de première classe, les autres étant renvoyées à un autre temps ou réduites à une simple mémoire.
Ces principes — il n'est pas inutile de le faire observer — sont ceux qui présidèrent à la réforme des bréviaires du XVIII° siècle, ce qui prouve que ces livres liturgiques possédaient bien quelques qualités et ne méritaient pas tous les reproches qu'on leur a adressés, ni le discrédit qu'on leur a fait subir. Il est certain, en tout cas, que, dans ce siècle, on était incomparablement plus versé dans la science liturgique qu'on ne le fut au siècle suivant.
Dans une lettre adressée le 11 mai 1723 au doyen du chapitre de Sens par le docte abbé Lebeuf, sous-chantre du chapitre d'Auxerre, nous lisons : « J'aurai l'honneur de vous dire qu'étant allé à Donzy, petite ville de ce diocèse, sur le chemin de Nevers, j'ai poussé jusqu'à Nevers pour y voir le savant ecclésiastique qui travaille au bréviaire avec Mgr l'évêque de cette ville, attendu qu'il est déjà sur l'âge et accablé d'infirmités. Ce vénérable acolyte a la même part dans la composition du bréviaire de Nevers que j'ai dans celui que vous savez. Mais comme l'évêque de ce lieu est assez particulier dans ses manières, le public ne connaît de ce qui se passe que ce qu'il veut ». (*Lettres* de l'abbé Lebeuf publiées par la Société des sciences historiques et naturelles de l'Yonne, 1867, t. I, p. 117). Ces derniers mots semblent indiquer que le prélat exerçait sur l'œuvre entreprise un droit de contrôle que l'acolyte Desmarettes trouvait sans doute un peu gênant, et que celui-ci n'était guère pour lui qu'un collaborateur.

pouvons le faire, certains rites anciens propres à ce diocèse, ou ceux qui peuvent varier selon la diversité des lieux, persuadé que l'honneur rendu à l'antiquité est rendu à cette même Eglise romaine qui est la mère et maîtresse de toutes les Eglises, et de toutes la plus ancienne.

Sous l'épiscopat de Fontaine des Montées, nous ne voyons pas de levées de boucliers se produire comme celles qui eurent lieu du temps de son prédécesseur.

La liste des ecclésiastiques de France qui persistèrent dans leur appel en 1721, ne mentionne que deux prêtres nivernais. « Paul Le Merle, curé de Saint-Germain-des-Bois, archiprêtre de Tannay », et Jourdin, curé de Courcelles, le premier, de l'ancien diocèse de Nevers, et le second, de l'ancien diocèse d'Auxerre (1).

Cependant dix ans plus tard, le 27 novembre 1731, paraît une *Lettre de plusieurs curés du diocèse de Nevers à Mgr leur*

(1) *Première liste des chanoines, curés, docteurs et ecclésiastiques séculiers et réguliers*, etc. In-4° de 16 pages, 1721 [s. l.] — Bibl. nat., Ld⁴ 1262. Bibl. mun. de Sens, collection Languet, t. XIII, f° 2.

Ces deux ecclésiastiques furent compris dans les poursuites exercées un moment par le pouvoir royal contre certains membres de la secte, à propos de la Constitution *Unigenitus*. Le curé de Saint-Germain-des-Bois reçut défense d'expliquer l'Ecriture sainte à des enfants qu'il instruisait ; à cette occasion, il quitta momentanément sa paroisse. Le curé de Courcelles fut exilé en Auvergne. Nous constatons qu'à la même époque et pour les mêmes motifs, un vicaire de Clamecy, nommé Gaydon, se vit interdire l'entrée de l'hôpital. Les laïques n'étaient pas à l'abri de ces tracasseries. Ainsi il fut défendu aux juges du tribunal de Clamecy de fréquenter la maison d'un de leurs confrères, conseiller du roi, accusé de tenir chez lui des assemblées préjudiciables à l'Eglise et à l'Etat. Ces mesures inspiraient à l'auteur janséniste qui en fit le relevé, les réflexions suivantes : « Au milieu de tant de vexations, les impies sont en paix, les hommes sans religion sont en paix, les ecclésiastiques déréglés et sans mœurs sont en paix..., et l'on sévit sans relâche contre ceux qui soutiennent la nécessité de l'amour de Dieu pour convertir le cœur, la force toute puissante de la grâce victorieuse ; qui défendent les saintes règles de la pénitence et la pratique si utile de lire les Livres Saints, qui réclament pour les précieuses libertés de l'Eglise de France et qui ne refusent de se soumettre à la bulle *Unigenitus* que par l'attachement qu'ils ont à ces vérités saintes ». (*Liste générale des cardinaux, archevêques et curés, chanoines, prêtres ecclésiastiques de tous les ordres, juges, magistrats, exclus de leurs offices, privés de leurs titres, emplois et bénéfices, cités et condamnés devant les tribunaux séculiers, exilés et mis en fuite, emprisonnés, interdits et excommuniés au sujet de la Constitution Unigenitus, en conséquence des ordres surpris à Sa Majesté.* (In-4° de 40 pages, Bibl. municipale de Sens, Collect. Languet, t. XXV, folio 88).

évêque, à l'occasion de la Lettre de plusieurs chanoines, curés du diocèse de Sens à M. leur archevêque au sujet de la charité (1). L'archevêque de Sens était alors Mᵍʳ Languet, récemment transféré du siège de Soissons, célèbre par le zèle avec lequel il ne cessa de combattre la secte, au point d'avoir été appelé « le marteau du jansénisme » (2). La lettre est adressée à Mᵍʳ des Montées que les curés signataires entendent associer à leur protestation, en rappelant ce que lui-même a enseigné sur le point de doctrine en question.

De quoi s'agissait-il donc ?

Les curés de Nevers avaient appris que l'archevêque de Sens, dans une lettre-circulaire adressée, alors qu'il était évêque de Soissons, au clergé et aux fidèles de ce diocèse, avait osé qualifier d' « erreur » la doctrine de Jésus-Christ et des apôtres qui oblige les chrétiens de rapporter à Dieu toutes leurs actions par le motif « de son amour au moins commencé ».

Nier que tous les chrétiens fussent tenus de rapporter à Dieu toutes leurs actions par le motif de *son amour au moins commencé*, voilà ce qui scandalisait nos curés jansénistes et contre quoi ils avaient à cœur de s'élever. D'après eux, rapporter à Dieu toutes nos actions par le motif de son amour commencé serait de tradition apostolique. « Nos pères, écrivent-ils, nous ont instruits dans ce grand principe de morale chrétienne : les grands prélats de cette province l'ont soutenu et décidé à l'unanimité ; toute l'Église l'a reçu par une tradition perpétuelle depuis les apôtres, et Votre Grandeur elle-même l'a enseigné ». Et, à l'appui de cette dernière assertion, ils citent plusieurs passages empruntés à des mandements de l'évêque de Nevers où cette doctrine se trouve exposée.

Personne n'avait constitué ces curés juges de la doctrine de leur métropolitain ; par suite, ils n'étaient nullement qualifiés pour dénoncer celui-ci à leur évêque.

Mis, en quelque sorte, en demeure d'intervenir, Fontaine des Montées se tut, pour le moment, par prudence, ne vou-

(1) In-8° de quatre pages [s. l. n. d.]. Bibl. nat. Ld⁴ 1760. Les auteurs de la lettre gardèrent prudemment l'anonymat, par crainte, disaient-ils, des lettres de cachet. — Le nombre des signataires de la *Lettre de plusieurs curés, chanoines, etc., du diocèse de Sens* s'élevait à cinquante-neuf. La lettre est du 1ᵉʳ juillet 1731.

(2) Dom GUÉRANGER, *Instit. liturg.*, t. II, préface, p. xi. Édit. de 1841.

lant pas envenimer le débat; mais un mandement qu'il publia un peu plus tard lui fournit l'occasion d'exposer son sentiment sur la question. Il établit que le premier commandement « nous oblige à rapporter à Dieu les pensées de notre esprit, les mouvements de notre cœur et à ne rien faire que par amour et avec amour ». « Ne nous flattons pas, ajoute-t-il, de bien faire, et comme il faut, ce que nous ne faisons pas avec amour et charité » (1). Comme on le voit, le prélat professait le principe de « l'amour au moins commencé ». Les curés réclamants durent se déclarer satisfaits.

« L'amour commencé » était un des dogmes enseignés par les jansénistes. On se passionnait alors pour ou contre l'amour commencé, suivant qu'on appartenait à l'un ou l'autre parti; cet amour était l'objet des disputes théologiques du temps, et on ne doit pas être surpris de voir plusieurs curés de Nevers jeter feu et flamme à son sujet et s'en faire les ardents protagonistes. Boileau lui-même, le bon Boileau, qui, comme on le sait, était quelque peu gagné à la secte, sur ses vieux jours, a voulu rompre une lance en sa faveur. Dans son épître sur l'*Amour de Dieu*, une des œuvres les plus belles, au dire des critiques (2), que nous devions à son génie, il écrit à un ami :

> *Je ne m'en puis défendre, il faut que je l'écrive*
> *La figure bizarre et pourtant assez vive,*
> *Que je sus, l'autre jour, employer dans son lieu,*
> *Et qui déconcerta ces ennemis de Dieu.*
> *Au sujet d'un écrit qu'on nous venait de lire,*
> *Un d'entre eux m'insulta sur ce que j'osai dire*
> *Qu'il faut pour être absous d'un crime confessé*
> *Avoir pour Dieu du moins un amour commencé.*

(1) Cité par les *Nouvelles ecclésiastiques*, n° du 24 mars 1733, p. 55.

(2) « Cette épitre est, à mon avis, le plus solide, le plus profond et, en même temps, le plus vivant des ouvrages de Boileau ». (E. FAGUET).

Boileau convient qu'il l'a fort travaillée et qu'il l'a « retouchée plus d'une fois ». « J'avoue, dit-il dans la préface dont il l'a fait précéder, que j'y ai employé tout le peu que je puis avoir d'esprit et de lumières ». (*Œuvres*, édit. de 1822. p. 186.)

Il combattait cette proposition : *Attritio ex gehenna metu sufficit, etiam sine ullo ad Deum offensam aspectu, quia talis honesta et supernaturalis est.* « C'est cette proposition, dit-il, que j'attaque et que je soutiens fausse, abomi-

« *Ce dogme, me dit-il, est un pur calvinisme* ».
O ciel ! me voilà donc dans l'erreur, dans le schisme,
Et partant réprouvé ? Mais, poursuivis-je alors,
Quand Dieu viendra juger les vivants et les morts,
Et des humbles agneaux, objets de sa tendresse,
Séparera des boucs la troupe pécheresse,
A tous il nous dira, sévère ou gracieux,
Ce qui nous fit impurs ou justes à ses yeux.
Selon vous donc, à moi, réprouvé, bouc infâme :
« *Va brûler, dira-t-il, dans l'éternelle flamme,*
» *Malheureux qui soutiens que l'homme doit m'aimer,*
» *Et qui, sur ce sujet trop prompt à déclamer,*
» *Prétendis qu'il fallait, pour fléchir ma justice,*
» *Que le pécheur touché de l'horreur de son vice,*
» *De quelque ardeur pour moi sentit les mouvements,*
» *Et gardât le premier de mes commandements !* »
Dieu, si je vous en crois, me tiendra ce langage.
Mais à vous, tendre agneau, son plus cher héritage,
Orthodoxe ennemi d'un dogme si blâmé :
« *Venez, vous dira-t-il, venez, mon bien-aimé,*
» *Vous qui, dans les détours de vos raisons subtiles,*
» *Embarrassant les mots d'un des plus saints conciles,*
» *Avez délivré l'homme, ô l'utile docteur !*
» *De l'important fardeau d'aimer son Créateur ;*
» *Entrez au ciel : venez, comblé de mes louanges,*
» *Du besoin d'aimer Dieu désabuser les anges* ».

Il arrivait parfois aux tenants de l'orthodoxie de se laisser aller, dans le courant de la discussion, à des excès de langage et d'outrer la vraie doctrine. Ce fut sans doute le cas pour le contradicteur de Boileau : le mordant satirique avait alors beau jeu pour confondre ces zélateurs inconsidérés.

A l'encontre des manifestations jansénistes relatées plus haut, il en est une qui ne dut pas manquer de produire, à

nable et plus contraire à la vraie religion que le Luthéranisme et le Calvinisme »
(*Ibid.*, p. 133).

Il rapporte qu'il a soumis son Epître à un grand nombre de docteurs en Sorbonne, de Pères de l'Oratoire et de Jésuites très célèbres, et que tous y ont applaudi et en ont trouvé la doctrine très saine et très pure. Il ajoute que beaucoup de prélats illustres en ont jugé comme eux, et il cite Bossuet, évêque de Meaux, et le cardinal de Noailles, archevêque de Paris. A l'en croire, le premier eut longtemps l'ouvrage entre les mains et le second l'avait sagement examiné.

Nevers, quelque sensation, en raison de la situation occupée par son auteur. Il s'agit de la « révocation », de la part du grand archidiacre, de l'appel au futur concile formé par lui en 1717, cinq ans auparavant. Cette « révocation » ou rétractation fut faite entre les mains de Mgr Languet, alors évêque de Soissons. Deux raisons avaient déterminé Rapine de Sainte-Marie à s'adresser à Languet. L'évêque de Soissons s'était déjà rendu célèbre par son opposition à la secte ; de plus, il était lié avec la famille de Sainte-Marie. Mais, auparavant, le rétractant crut devoir lui écrire pour lui confier ses dispositions d'esprit et lui demander de vouloir bien l'assister dans cette circonstance : il était prêt, d'ailleurs, à signer la formule qui lui serait soumise et à faire tout ce que le prélat lui prescrirait. La lettre est datée du 11 décembre 1722 ; nous en reproduisons le début :

Monseigneur, je connais trop la bonté de votre cœur pour ne pas espérer de pouvoir me rappeler dans votre souvenir. Toute ma famille s'est toujours glorifiée de l'honneur de votre estime ; j'ai peut-être été le seul qui m'en suis rendu indigne par la faute que j'ai faite de m'être laissé entraîner par la malheureuse persuasion de certains esprits qui m'ont porté à appeler de la Constitution. Je n'eus pas fait cette démarche que je m'en repentis ; mais je ne sais quel respect humain m'a empêché jusqu'à présent de révoquer cet appel (1).

Le vaillant champion de l'orthodoxie fit alors parvenir au grand archidiacre la formule suivante que celui-ci signa quatre jours après :

Je, soussigné, prêtre, docteur en théologie, chanoine et grand archidiacre de l'église de Nevers, touché de Dieu et

(1) L'original de cette lettre se trouve à la Bibliothèque municipale de Sens, dans le fonds intitulé *Collection Languet*, t. XVI, fol. 105. Cette collection comprend soixante-cinq volumes in-4° ; elle se compose de pièces diverses, la plupart imprimées, quelques-unes manuscrites, avec des originaux de lettres, et qui toutes se rapportent au Jansénisme. Il y a là une mine précieuse, et quiconque voudra entreprendre une histoire du Jansénisme ne pourra se dispenser de consulter ce fonds vraiment unique. Il aura d'ailleurs l'agrément d'avoir affaire au plus obligeant des bibliothécaires.

Nous avons, pour ce qui nous concerne, compulsé toute la collection ; mais, en dehors de quelques renseignements de peu d'importance, nous n'y avons découvert aucun document ayant trait à notre travail qui ne nous fût déjà connu.

instruit par la lecture de quelques ouvrages de Monseigneur l'évêque de Soissons qui ont été pour moi une source de lumière, et encore après avoir lu l'arrêt du Conseil du 19 avril 1722 par lequel Sa Majesté déclare que la Constitution est généralement reçue dans l'Eglise et qu'Elle ordonne être inviolablement observée dans son royaume, déclare que je me soumets de cœur et d'esprit, purement, simplement et sans restriction, à la Constitution de Notre Saint-Père le pape Clément XI qui commence par ces mots : *Unigenitus Dei Filius.* Je reconnais cette Constitution comme un jugement dogmatique et irréformable de l'Eglise dont l'appel au futur concile est nul et illusoire. Je révoque, en conséquence, la révocation que j'en ai faite dans notre chapitre, le 23 novembre 1716, et l'acte d'appel déposé chez Guillier, notaire, en date du 18 mai 1717, aussi bien que la signification que j'en ai faite conjointement avec MM. Gueneau, Gascoing, Chalmeau, Alixand, Taillandier, Lavarie, Bourgoing de Sichamps (1), chanoines, au greffe de l'officialité de Nevers, le 20 de mai, audit an, par Griniard.

Je consens que les présentes soient rendues publiques et notifiées où besoin sera pour réparer le mauvais exemple que les actes ci-dessus énoncés auraient pu donner.

Fait à Nevers, ce 27 décembre 1722.

Signé : Rapine de Sainte-Marie, chanoine (2).

Trois jours après, le grand archidiacre avait soin de signifier officiellement aux membres du chapitre la révocation de son appel afin qu'elle fût consignée au registre des délibérations capitulaires et figurât dans ses archives. Il ne s'en tint pas là. A sa requête, le 13 février suivant (1723) (3), les chanoines se réunirent, à l'effet de rétablir sur le registre l'acte authentique d'acceptation unanime de la Constitution *Unigenitus* formulé le 25 mai 1715 et biffé le 13 novembre 1716,

(1) Doreau de Blanzy, autre chanoine appelant, n'est pas nommé ; peut-être était-il décédé et le rétractant l'avait-il omis pour ce motif, à moins que l'omission ne soit due à un oubli.

(2) Bibl. mun. de Sens, *Collection Languet*, t. XVI, fol 106. L'acte fut imprimé sous ce titre : *Révocation de l'appel au futur Concile ci-devant interjeté par M. l'abbé de Sainte-Marie, grand archidiacre de Nevers.* (Bibl. nat., Ld⁴ 1321. In-4° de deux pages [s. l.]

(3) Ce serait donc à tort qu'un membre actuel de la famille le fait mourir en 1722. Cf. Henri Rapine de Sainte-Marie, *Lettres inédites du XVII° siècle.* Nevers (1906), in-8°, p. 185.

par les membres appelants dont lui, requérant, faisait partie, et cela, afin que le public n'eût aucun doute sur ladite acceptation (1).

Comme on le voit, le grand archidiacre avait à cœur de réparer, autant que faire se pouvait, sa conduite passée.

Pendant l'épiscopat de Mgr des Montées, les luttes jansénistes furent surtout circonscrites dans la ville de Nevers. Quant au prélat, il essayait de remplir auprès des uns et des autres, sans toujours y réussir, le rôle de modérateur (2). Nous trouvons un écho de ces luttes dans les *Nouvelles ecclésiastiques*, journal officiel de la secte, « cette triste feuille, dit Sainte-Beuve, dans laquelle, durant tout le dix-huitième siècle, il ne se rencontra pas une seule étincelle de talent, pas une lueur d'impartialité (3) ».

A Nevers, s'il faut en croire les *Nouvelles*, les « boutefeux » des querelles entre jansénistes et jésuites, furent ces derniers. Mais c'est là un témoignage trop intéressé pour qu'il soit accueilli sans réserve. Il est certain, en tout cas,

(1) *Délibération du Chapitre de l'église cathédrale de Nevers.* In-4°, pièce. Bibl. nat. Ld⁴ 1331.

(2) Ainsi il retira aux jésuites la direction du séminaire que son prédécesseur leur avait confiée, en leur laissant toutefois le cours de théologie. Il est vrai que ce qu'il leur abandonnait d'un côté, il le leur retirait en partie de l'autre. En effet, il établit un second cours de cette même branche d'études chez les Génovéfains de l'abbaye Saint-Martin, accordant aux élèves ecclésiastiques la faculté de suivre l'un ou l'autre cours et même les deux concurremment. Il prescrivit, en outre, que les jeunes lévites se rendraient dans un séminaire de Paris pour se préparer aux ordres. (Cf. PARMENTIER, *Hist. monas. des évêques de Nevers*, t. II, fol. 333).

(3) SAINTE-BEUVE, *Port-Royal*, t. III, 3° édit., p. 130. Il n'est pas sans intérêt de noter ici que le dernier rédacteur de la feuille janséniste fut un nivernais, l'abbé Jean-Baptiste-Sylvain Mouton, né à La Charité-sur-Loire, le 29 septembre 1746, — et non en 1710, comme l'a écrit faussement, sur la foi de certains historiens ou biographes mal renseignés, M. Léon Séché (*Les derniers jansénistes*, Paris, PERRIN (1891), t. I, p. 98). En 1791, l'abbé Mouton quitta la France et se retira à Rhynwick, en Hollande, auprès de l'abbé Duparc de Bellegrade, qu'il seconda dans sa correspondance et la composition de ses ouvrages, et, un peu plus tard, à Utrecht. Il dirigea les *Nouvelles ecclésiastiques* depuis la fin de l'année 1793, époque où elles cessèrent de paraître à Paris, jusqu'à sa mort, survenue le 13 juin 1803. Le dernier numéro porte la date du 10 mai de cette année-là. Avec lui, s'éteignit la petite colonie française fondée en Hollande par les adversaires de la Bulle *Unigenitus*. L'abbé Mouton avait fait ses études au séminaire d'Auxerre, son diocèse d'origine.

que la secte n'eut pas d'adversaires plus redoutables que les fils de saint Ignace.

C'est principalement dans la chaire des églises que ces attaques se produisaient. Un jésuite était-il invité à prêcher dans une église de paroisse ou dans une chapelle de communauté, on pouvait s'attendre à le voir se livrer à quelque sortie violente contre les « novateurs » et les « nouveaux docteurs ». Ceux-ci, à leur tour, ne se faisaient pas faute de dénoncer les « nouveaux casuistes ».

Le 16 juillet 1730, fête de Notre-Dame du Mont-Carmel, le P. Petit, jésuite, prêche en l'église des Carmélites de Nevers. Dans son sermon, il accusa « les novateurs de nos jours » de ravir à la Sainte Vierge le titre de Mère de Dieu; de traiter son culte de superstition et de dire que ce culte était une diminution de celui dû à son divin Fils (1).

Le bon Père faussait quelque peu la vérité. Les jansénistes, nous l'avons vu, vénéraient la Sainte Vierge autant peut-être que leurs adversaires et n'étaient nullement opposés au culte que l'église lui rend ; ils demandaient seulement que ce culte n'empiétât pas sur celui dû à Dieu. Il paraît, en effet, que l'abus dénoncé n'était pas imaginaire.

Une autre fois, c'est le P. Jean Leau, préfet des études au collège, qui, dans un sermon prêché pour la Circoncision (1733), s'emporte en invectives contre les jansénistes, les traitant, ceux de Nevers en particulier, de « luthériens » et de « calvinistes ». De là, colère. Et ceux-ci crient si fort que l'évêque, pour leur donner satisfaction, fait éloigner le trop zélé prédicateur qui fut envoyé à Saint-Quentin (2).

M⁶ʳ des Montées ne s'en tint pas là. Le P. Leau lui ayant adressé, à son départ de Nevers, une lettre injurieuse, l'évé-

---

(1) *Nouvelles ecclésiastiques*, n° du 29 août 1730.

(2) *Nouvelles ecclésiastiques*, n° du 23 mars 1733.

Le P. Leau était d'autant plus répréhensible que l'évêque avait, au préalable, pris la précaution de lui faire savoir qu'il lui serait reconnaissant de s'abstenir de toute allusion aux « affaires du temps ». C'est du moins ce que nous apprend une lettre du prélat adressée au garde de sceaux, Chauvelin, lequel était son neveu. Fontaine des Montées y affirme que la mesure prise par lui à l'égard du prédicateur est due uniquement aux déclamations intempestives de ce dernier, « déclamations, observe-t-il, si déshonorantes pour un clergé où il n'y a pas un seul réappelant, où tous ceux qui avaient appelé se sont contenus, suivant la déclaration de 1720, et que, par consé-

que exigea de sa part — ou, à son défaut, du P. Recteur du collège — une rétractation dont il prit soin de rédiger le texte et qu'il remit au P. Recteur du collège en lui laissant le choix ou de la faire signer par le coupable ou de la signer lui-même. Le P. Recteur sollicita un délai ; il désirait, disait-il, en référer à ses supérieurs. C'était un moyen dilatoire destiné à gagner du temps : le religieux espérait que le prélat, de guerre lasse, se désisterait de ses prétentions. Il n'en fut rien ; celui-ci tint bon.

L'affaire alla jusqu'au garde des sceaux. L'évêque fut même amené, par les circonstances, à en saisir le cardinal de Fleury, ministre d'État. Il lui écrit, à la date du 20 mai 1733 : « Une lettre de Madame Chauvelin m'engage à rendre compte à votre Éminence d'une affaire que j'ai ici avec les Pères du collège. Elle n'est rien moins qu'une affaire de parti ou de cabale, dont, grâce à Dieu, j'ai toujours été et suis encore très éloigné. J'aime le silence et la paix par dessus tout, et nous serions encore en paix s'il n'avait plu à un P. Leau, prédicateur du collège, de s'abandonner à un zèle très indiscret. Le scandale qui s'en excita fut si grand que je ne pus me dispenser de lui retirer mes pouvoirs. Je le fis avec toute la précaution possible. Cependant, cette soustraction m'attira la lettre dont je prends la liberté d'envoyer la copie à Votre Éminence ». Il explique qu'il garda cette lettre sans s'ouvrir à personne du déplaisir qu'elle lui avait fait éprouver, mais que des copies en ayant été répandues autour de lui et avec tant de bravade, il ne lui était pas possible de souffrir une injure qu'il considérait comme faite à l'épiscopat beaucoup plus qu'à lui-même. Un passage surtout l'avait blessé : celui où il est dit qu'on a « débité » devant lui et avec son approbation des maximes opposées aux vérités de la foi (1).

Le P. de Lignères, confesseur du roi, mis au courant de

quent, il ne fallait pas insulter, comme cette déclaration nous défend de le souffrir ». « Il est bien triste, ajoute-t-il, qu'on ne veuille pas demeurer en repos ni y laisser les autres ».

Chauvelin (Germain-Louis de) est né, en 1685, à Moulins-Engilbert ; avocat général, puis président à mortier, il fut nommé, en 1727, garde des sceaux et secrétaire d'État aux Affaires étrangères. Il mourut à Paris en 1762. (Arch. des Aff. étrang., *Mémoires et documents*, France, n° 1589, fol. 210-211.)

(1) Arch. des Affaires étrangères, *loc. cit.*, fol. 210-211.

l'affaire, prit sur lui, après entente avec le garde des sceaux, Chauvelin, de la terminer en écrivant à l'évêque de Nevers, au nom de la Compagnie, une lettre d'excuses. Voici cette lettre dont le texte avait été soumis préalablement au prélat :

« Une personne qui peut être instruite de vos sentiments me fait espérer que vous ne trouverez pas mauvais que j'eusse l'honneur de vous écrire sur ce qui s'est passé à l'occasion du sermon qui fut prêché à Nevers le premier jour de l'an, et de la lettre très répréhensible que le prédicateur eut ensuite la témérité d'écrire à Votre Grandeur. Je puis vous assurer, Monseigneur, que nous avons tous condamné la lettre, que j'en ai eu, en mon particulier un véritable chagrin, et que le prédicateur est encore actuellement en pénitence pour cette faute. Le Père Recteur du Collège, qui nous a écrit, au P. Provincial et à moi, plusieurs lettres pour nous rendre compte de cette affaire, nous a marqué que, lorsqu'il alla faire à M⁹ l'évêque de Nevers la satisfaction qui dépendait de lui sur la faute de son inférieur, Votre Grandeur voulut bien l'assurer que ce n'était pas pour avoir avancé aucune proposition contraire à la foi et à la morale qu'il lui avait ôté ses pouvoirs, mais pour s'être expliqué en termes trop vifs et avoir fait des applications dangereuses. Le P. Recteur m'ajoute que, sur ce que dans la lettre il était parlé d'autres prédicateurs qui avaient avancé dans leurs sermons quelques propositions contraires aux vérités catholiques sans qu'on leur eût rien dit, Monseigneur l'évêque lui fit l'honneur de lui dire que l'on n'avait qu'à les lui dénoncer et qu'il ne manquerait pas de les examiner et de punir avec rigueur ceux qu'il reconnaîtrait coupables.

» Je me flatte que vous agréerez plus volontiers que les assurances de l'extrême chagrin que la lettre nous a causé passent par moi plutôt encore que par 'e Père Recteur. J'espère donc que Votre Grandeur voudra bien pardonner la faute d'un particulier dont il se repent lui-même, que tous les autres condamnent, la suppliant d'oublier le passé, de nous rendre ses bonnes grâces et de nous faire sentir les effets de ses bontés (1) ».

L'évêque se déclara satisfait, et ainsi se termina l'incident.

Mais un second vint bientôt se greffer sur celui-ci. Après le départ du P. Jean Leau, un petit régent, celui de troi-

(1) Arch. des Affaires étrangères, *loc. cit.*, fol. 218.

sième, ne s'était-il pas avisé de donner à traduire à ses élèves, en guise de version, un discours latin intitulé : *Ad incidos ?* Or, dans ce discours, il était dit qu'un certain *Rokasinus*, hérétique, jaloux des talents et de l'éloquence de saint Jean de Capistran, lui avait déclaré la guerre et interdit de prêcher. C'était une allégorie ; les élèves ne s'y méprirent pas. Néanmoins l'un d'eux, peut-être dans le malicieux dessein de compromettre le régent, demanda à celui-ci quel personnage représentait Rokasinus. *Episcopus nivernensis*, lui fut-il répondu.

Informé de l'incartade, l'évêque se contenta d'exiger que l'irrévérencieux régent vînt lui faire amende honorable (1).

Comme on le voit, c'était, entre les deux partis une guerre de coups d'épingles, guerre, hélas ! dénuée de toute noblesse et de toute grandeur.

Vers cette époque, il se passa à Nevers une aventure singulière et qui excita un moment la curiosité publique.

Un beau jour, on aperçoit, parcourant les rues en vendant des chansons, une jeune fille, étrangère à la ville. Peu de temps après, la nouvelle se répand que cette personne est possédée du démon. Elle se livrait, en effet, à des contorsions de toutes sortes qu'on attribua aussitôt à l'influence de l'esprit malin. Elle joua si bien son rôle que le public s'y laissa prendre, les Pères jésuites les premiers. L'un d'eux, le P. Dubois, régent de philosophie, fort intéressé par ce cas extraordinaire et ému de compassion pour celle qu'il en croyait affligée, entreprit d'exorciser la soi-disant possédée. Avant tout, selon lui, il était urgent qu'elle se confessât ; il lui en donna le conseil auquel elle déféra sans difficultés ; elle l'eût fait autant de fois qu'on l'eût désiré.

L'événement faisait grand bruit ; toute la ville s'en entretenait. Ennuyé de tant de tapage, l'évêque pensa y mettre fin en donnant l'ordre de conduire à l'Hôtel-Dieu la pseudo-possédée. Les curieux affluèrent alors à l'établissement hospita-

---

(1) *Nouvelles ecclésiastiques*, n° du 28 mars 1733. V. aussi Arch. des Affaires étrang., France, n° 1889. Lettre de l'évêque de Nevers du 3 février 1733 au garde des sceaux, fol. 220. « Je lui (au P. Recteur) ai ajouté qu'il ne me parlait point de son petit régent. Il m'a dit qu'il le renverrait si je voulais. Je lui ai dit qu'il valait mieux l'amener me faire satisfaction. Ils sont venus aujourd'hui, et je ne lui ai pas fait grand mal ».

lier ; un des plus assidus parmi les visiteurs était le P. Dubois ; il multipliait les exorcismes sur la rouée jeune fille devenue, de ce fait, un personnage intéressant non moins qu'intéressé. Les amis des Pères allaient répétant que cette dernière était possédée de neuf démons — pas un de plus, pas un de moins — mais que le P. Dubois en avait déjà chassé trois : Jansénius, Quesnel et M. Rabuteau. L'abbé Joseph Rabuteau, curé de la paroisse de Saint-Victor, était un prêtre de grande vertu que le clergé, non seulement de la ville épiscopale, mais du diocèse tout entier, tenait en haute estime ; il n'avait qu'un défaut, mais fort grave en l'espèce : celui d'être un janséniste impénitent.

On finit par découvrir que la marchande de chansons n'était qu'une gourgandine qui jouait effrontément la comédie et n'avait qu'un but : mystifier le public en simulant la possédée. De guerre lasse, jugeant que la farce avait assez duré, la justice la fit appréhender par la maréchaussée et expulser de la ville où oncques elle ne reparut (1).

Les jésuites de Nevers avaient pour alliés — leurs ennemis disaient pour valets — les religieux des différentes branches de l'ordre de Saint-François d'Assise établies dans la même ville : récollets, minimes, capucins. Le camp adverse comptait une partie du chapitre, la majorité des curés des onze paroisses, les Pères de l'Oratoire, les chanoines réguliers ou génovéfains et les dominicains ou jacobins.

Le 28 août 1736, jour de la fête de saint Augustin, trois panégyriques du grand docteur furent prêchés à Nevers, l'un dans l'église des chanoines réguliers, le second chez les Ursulines établies au centre de la ville et le troisième chez celles du faubourg Martelet (2). Ces dernières avaient choisi

(1) *Nouv. ecclés.*, n° du 6 juin 1730, p. 10. — La gazette janséniste publia son récit d'après la relation de son correspondant de Nevers. Ce récit étant assez étendu, nous l'avons résumé.

(2) Aujourd'hui Sainte-Valière. Dans son *Hagiologie nivernaise* Mgr Crosnier donne quelques détails intéressants sur ces deux maisons des religieuses Ursulines ; nous croyons devoir reproduire ce qu'il en dit :

« Ce fut en 1642 que les Ursulines vinrent s'établir à Nevers, dans une maison de la rue Saint-Martin, placée vis-à-vis l'abside de l'abbatiale dédiée à ce saint. En 1611, la communauté se partagea : une partie demeura dans la première maison, l'autre alla habiter un nouveau monastère fondé dans la même ville, au faubourg Martelet. Ce monastère, occupé actuellement (1858) — il le

pour prédicateur un jacobin. Ce religieux prit pour texte ces paroles de la première épître de l'apôtre saint Paul aux Corinthiens : *Abundantius illis laboravi, non ego autem, sed gratia Dei mecum* : « J'ai travaillé plus que tous les autres, non par mes propres forces, mais par le secours de la grâce de Dieu ». Or, le prédicateur était à peine descendu de chaire que le P. Quin, jésuite, professeur de philosophie du collège, qui se trouvait parmi l'auditoire, l'aborde et lui reproche vivement d'avoir avancé, sur la grâce et la liberté, des propositions dignes de Luther et de Calvin. On s'accorda généralement à blâmer cette intervention. L'évêque surtout en fut fort mécontent, et le P. Quin, sur sa plainte, dut quitter Nevers (1).

A la fin de cette même année 1736, un dominicain prêchait à la cathédrale la station de l'Avent. Les jésuites — à tort ou à raison — s'appliquèrent à le décrier, allant jusqu'à détourner leurs élèves d'assister à ses sermons. Non moins acharné était le curé de Saint-Jean, Guinet, fougueux « bullaire ». Les jésuites agissaient auprès de leurs élèves ; Guinet agissait auprès de ses paroissiens, parfois même publiquement, du haut de la chaire. Le prédicateur de la station, affirmait-il, enseignait des erreurs. Il s'attira un blâme sévère de l'évêque.

Le 6 janvier suivant, le sermon de la cathédrale pour la fête de l'Epiphanie devait être prêché par un jeune récollet, le P. Vieillard. Ce religieux se vanta de réduire à néant les erreurs débitées, disait-il, par le dominicain au cours du dernier Avent.

Il commença par établir que Dieu donne à tous les hommes des grâces suffisantes pour se sauver, ce qui est conforme à la doctrine catholique. Après quoi, il exposa les trois systèmes, alors en présence, sur la grâce : système moliniste, système thomiste et système janséniste.

Le dominicain s'était-il fait le champion de l'opinion jansé-

---

fut jusqu'à l'époque de la séparation, en 1905 — par le grand séminaire, avait été construit sur l'emplacement d'une ancienne auberge ayant pour enseigne *Le Plat d'étain*. Pendant longtemps les Ursulines furent connues à Nevers sous le nom de religieuses du *Plat d'étain* ». (*Hagiologie nivernaise* (1858), p. 423-426).

(1) *Nouvelles ecclésiastiques*, n° du 20 octobre 1736, p. 168.

uienne ? Oui, s'il faut en croire son adversaire. Quoi qu'il en soit, le dénonçant nommément et le désignant du doigt (il se trouvait assis droit en face du prédicateur) le fougueux récollet l'accusa d'avoir enseigné l'erreur dans la chaire de vérité.

Voilà en quelles disputes, à cette époque, le clergé de l'Eglise de France dépensait son zèle. Pendant ce temps, l'incrédulité, sous le couvert du Philosophisme, montait à l'assaut de la Cité sainte et s'acharnait à « écraser l'Infâme ». Ainsi faisaient les théologiens de Byzance, au moment même où l'ennemi assiégait la ville et battait les remparts. Benoît XIV, devenu pape (1750-1758), était le premier à gémir de toutes ces luttes vaines ; il eût désiré voir les adversaires consacrer leur talent et leur zèle à combattre l'impiété philosophique : « Il serait bien temps, écrivait-il, que toutes ces disputes fussent enfin terminées et que les théologiens catholiques n'eussent plus à écrire que contre les matérialistes, les athées et les déistes qui cherchent à renverser les fondements de la religion (1) ». Eh bien, qui le croirait ? Ce qui s'est passé au dix-huitième siècle, nous l'avons vu se renouveler, bien que sous une autre forme et avec d'autres dénominations, au siècle suivant. N'est-il pas vrai que les trois quarts du dix-neuvième ont été consumés, par les catholiques de France, en luttes fratricides ? Et n'est-ce pas à la faveur de ces luttes que l'impiété a réussi à gagner tant de terrain dans notre malheureux pays, au point d'y faire la loi et d'y régner en maîtresse ? Moins que tous autres, les catholiques devraient oublier cette parole de l'évangile : « Tout royaume divisé contre lui-même périra (2) ».

(1) Lettre de Benoît XIV au cardinal de Tencin, 3 mai 1752. — Emile de Heeckeren, *Correspondance de Benoît XIV* (avec le cardinal de Tencin). t. II, p. 181 — Paris, 1912.

(2) On peut recommander aux méditations des catholiques ce passage d'une lettre de saint François de Sales : « Je hais par inclination naturelle, par la condition de ma nature, par appréhension tirée de mes ordinaires considérations, et, comme je pense, par l'inspiration céleste, toutes les contestations et disputes qui se font entre les catholiques, desquelles la fin est inutile, et encore plus celles desquelles les effets ne peuvent être que dissensions et différends, mais surtout en ce temps plein d'esprits disposés aux controverses, aux médisances, aux censures et à la ruine de la charité ». (Œuvres, édit. complète, t. XV, Lettres, vol. V (1906), p. 93).

L'ardent et combatif récollet réussit-il à confondre son rival? On omet de nous le dire; mais s'il n'obtint pas ce résultat, il en gagna un autre : l'évêque lui fit défense de prêcher et de confesser dans le diocèse (1).

Fontaine des Montées était — et lui-même, on s'en souvient, ne craignait pas de le proclamer — un grand ami de la paix ; sa devise semble avoir été celle-ci : *quieta non movere*; on s'explique, dès lors, qu'il ait eu en aversion des brouillons qui, comme un P. Leau et un P. Vieillard, se permettaient de la troubler. Il n'admettait pas qu'on vînt raviver des disputes sur lesquelles il convenait, selon lui, de faire le silence. Cette conduite était dictée par la sagesse et le bon sens.

Le récollet crut devoir porter plainte au garde des sceaux, Chauvelin, contre la mesure épiscopale, espérant sans doute, grâce à l'influence ou à l'autorité du ministre, en obtenir le retrait (2).

Le P. Vieillard avait joint à sa lettre une liste de propositions qu'il disait avoir été « avancées dans la chair (*sic*) de la cathédrale de Nevers par le P. Charnel, dominicain, pendant l'Avent 1736 (3) ».

(1. *Nouvelles ecclésiastiques*, n° du 9 février 1737, p. 21.

(2) Sa lettre est loin d'être un modèle de style; l'orthographe elle-même n'y est pas mieux respectée que le français. On s'étonne qu'un homme d'un esprit aussi peu cultivé ait été appelé à se faire entendre dans des chaires de cathédrale. Ainsi il écrit : « la *chair* de la cathédrale »; « par *raport* »; « propositions qui avaient *jetté* le trouble »; « le neveu *maternelle* » On ne sera pas surpris, après cela, si nous ajoutons que le bon Père était tout à fait brouillé avec la règle des participes passés ; les deux exemples suivants en sont la preuve : « Plusieurs propositions que le P. Charnel avait *avancé* dans la chair, propositions qui avaient *jetté* le trouble et *scandalisées* ceux qui... ». (Arch. des Affaires étrang., *Mémoires et documents*, France, n° 1359, fol. 278. Lettre du 20 janvier 1737).

(3) Voici quelles auraient été ces propositions :

1re Proposition. — Toutes les actions qui n'ont pas la charité pour motif unique ou principal sont condamnées.

2e Proposition. — Dieu sauve quelquefois l'impie par sa miséricorde et damne l'innocent par sa justice.

3e Proposition. — Tout manque au pécheur du côté de la nature; tout lui manque du côté de la grâce.

4e Proposition. — La grâce est le principe efficace de toute sorte de bien [surnaturel]; sans elle, non seulement on ne fait rien, mais encore on ne peut rien faire.

5e Proposition. — Je ne prétends point (c'est le P. Charnel qui parle) donner

Le dominicain avait-il soutenu les propositions dans les termes mêmes où elles sont rapportées par son antagoniste? Le témoignage de ce dernier est trop suspect, son auteur étant trop intéressé dans la question, pour qu'on n'ait pas de raison de s'en défier, d'autant que, comme on va le voir, il se trouve nettement démenti par celui de l'évêque, Fontaine des Montées.

Chauvelin écrivit à son oncle pour lui demander des explications sur la mesure prise par lui à l'égard du religieux récollet et les propositions soutenues par le dominicain. Nous n'avons pas la lettre du garde des sceaux, mais nous possédons la réponse de l'évêque. Celui-ci écrit, à la date du 20 janvier 1737 : « Il est vrai, mon cher neveu, qu'un dominicain non appelant ni réappelant (quoiqu'on ait voulu dire), a prêché ; mais on n'a pas pu me produire aucune proposition répréhensible. Le récollet qui prêcha le jour des Rois fit une déclaration très insolente contre le dominicain en ma présence, et dit hardiment et avec chaleur qu'on avait prêché des erreurs dans la chaire, en frappant sur cette chaire. Déclamation faite avec affectation, car j'ai su depuis qu'il s'en était vanté et qu'il avait attiré des gens pour être spectateurs de ce beau triomphe. Ce qui m'a obligé à lui révoquer mes pouvoirs aussitôt, et j'ai en même temps mis un bon P. capucin à sa place. Le pauvre prédicateur de l'Avent était à ce sermon et eut la douleur d'être regardé pendant toute sa durée ».

Il faut croire que l'événement avait causé à Nevers une certaine sensation, car le prélat ajoute : « Je ne m'étonne pas du bruit que cette révocation a pu exciter, mais je n'ai pu faire moins ».

---

des bornes à la miséricorde de Dieu ; je sais qu'il peut, quand il lui plaît, accorder sa grâce au plus grand pécheur, pour montrer sa clémence, comme il la refuse aux innocents pour montrer sa justice.

6° Proposition. — Quand Dieu veut sauver l'âme, en tout temps, en tout lieu, l'indubitable effet suit le vouloir d'un Dieu.

Dernier grief, non moins grave : le fils de saint Dominique avait cité, sans désigner l'ouvrage, une page des *Lettres Provinciales!* « On sait, fait sentencieusement remarquer le fils de saint François, quel est l'objet des dites *Lettres* »

Nous n'avons pas à juger ces propositions ; disons seulement que si certaines d'entre elles sont condamnables, comme, de fait, elles le sont, d'autres peuvent se soutenir.

La lettre se termine par ce *post-scriptum* : « J'oubliais de vous dire que ce bon récollet, avant de partir pour ce fameux sermon, dit à sa communauté qu'il portait avec lui les pouvoirs qu'il tenait de moi, bien assuré que je ne le laisserais pas prêcher davantage. On ne peut mieux savoir cette circonstance que je la sais. Voyez si ce n'est pas un guet-apens (1) ».

L'évêque maintint sa décision, en sorte que le récollet en fut pour ses frais.

Peu de temps après, Fontaine des Montées était atteint d'une maladie de langueur qui devait le conduire au tombeau. Son intention bien arrêtée était de finir ses jours au milieu de son troupeau ; mais sa famille entreprit de l'emmener à Paris, et, pour l'y déterminer, usa presque de violence. Le prélat se retira à l'Institut des Pères de l'Oratoire ; il s'y éteignit le 20 février 1750. Deux jours auparavant, il avait fait écrire à son chapitre pour l'informer qu'il était à toute extrémité et réclamer ses prières et celles des fidèles du diocèse. Il fut inhumé dans la chapelle de la maison même où il avait rendu le dernier soupir.

Le curé de Toury-Larcy, dont nous avons eu déjà l'occasion de citer le nom à propos de M⁁ Bargedé, se hâta de relater l'événement sur le même registre que celui mentionné plus haut ; il le fit en ces termes : « Le 20 février 1740, messire Charles Fontaine, évêque de Nevers, est mort à Paris, après avoir gouverné son diocèse environ vingt ans et l'avoir édifié par son bon exemple et ses pieuses instructions. Il était très riche de patrimoine, libéral et grand aumônier. Une longue maladie, qui était un vrai état de langueur et de faiblesse, nous l'a ôté de ce monde, plein qu'il était de prières et de bonnes œuvres. *Requiescat in pace !* » (2).

(1) Arch. des Affaires étrang., *loc. cit.*, fol. 279.

(2) Arch. de la mairie de Toury.

M⁁ des Montées ne négligeait pas de faire, de temps en temps, la visite de son diocèse. Nous lisons, dans le registre de catholicité de la paroisse de Chevannes-Gazeau, pour l'année 1725 : « Messire Charles Fontaine, évêque de Nevers, a fait sa visite à Chevannes, le 12 janvier 1725, où il a confirmé près de cinquante personnes et y a établi la confrérie du Saint-Sacrement ». (Arch. munic. de Billy.)

V. — Vacance du Siège
(20 février 1740 - 9 juin 1741)

La mort de Mgr Fontaine des Montées laissait le gouvernement du diocèse au chapitre, composé, à cette époque, en majorité, de non appelants. Ceux-ci songèrent, avant toute chose, à s'assurer de la doctrine de la Compagnie en obligeant chacun de ses membres à souscrire le Formulaire d'Alexandre VI et à recevoir la Bulle *Unigenitus*. Cette motion déchaîna, au sein de l'assemblée, une véritable tempête.

La discussion se prolongeait depuis trois jours en d'inénarrables séances, lorsque le cardinal de Rohan vint à passer par Nevers. Les non appelants lui soumirent le différend. Pouvaient-ils obliger, par délibération capitulaire, chacun de leurs confrères à souscrire une formule d'adhésion au Formulaire et à la Constitution? Le cardinal doutait qu'ils eussent ce droit. Or, à quelques jours de là, dans une réunion préparatoire à la nomination des vicaires capitulaires (27 février), le doyen émit l'avis qu'il serait opportun, au préalable, de s'assurer de l'orthodoxie de la Compagnie. Mais aussitôt tous de protester : il n'est personne ici qui ne soit bon catholique et ne fasse profession de croire tout ce que l'Église croit et enseigne. L'affaire en demeura là. Toutefois, les pouvoirs accordés par l'évêque défunt aux religieux et prêtres séculiers du diocèse furent « suspendus et révoqués », et il fut statué que les ecclésiastiques qui, pendant la vacance du siège, désiraient en être pourvus de nouveau devaient se présenter à MM. les vicaires capitulaires, « après leur avoir donné des preuves d'une saine orthodoxie (1) ».

Les vicaires capitulaires, tous recrutés parmi les membres du chapitre cathédral, publièrent, le 12 mars, un mandement adressé au clergé et aux fidèles du diocèse. Ils y vantent les

____

(1) *Nouvelles ecclésiastiques*, n° du 21 mai 1740, p. 80.

abondantes aumônes du prélat défunt, la parfaite pureté de
ses mœurs, son union presque continuelle avec Dieu par la
prière, sa vie pénitente et mortifiée, et enfin le zèle qu'il ne
cessa de déployer dans sa charge pastorale (1).

VI. — Episcopat de Guillaume d'Hugues
(9 juin 1741-4 avril 1751) (2)

Du vivant de Fontaine des Montées, l'élément janséniste,
à Nevers et dans le diocèse, tenait le haut du pavé. Après sa
mort, il se produisit une réaction : l'influence passa aux jésuites et nous assistons, sous l'épiscopat de son successeur, aux
derniers moments de la secte.

Guillaume d'Hugues avait été vicaire général de Mgr de
Tencin, archevêque d'Embrun, celui qui fit interner le malheureux Soanen, évêque de Senez, vieillard octogénaire dont
la vie aurait été celle d'un saint, s'il ne l'eût ternie par son
attachement opiniâtre aux doctrines jansénistes. Or, le vicaire
général partageait, à l'égard de la secte, l'aversion de son
archevêque. On le savait à Nevers ; on n'ignorait pas non
plus que son élévation à l'épiscopat était la récompense due
à l'official, comme l'élévation à la dignité de primat des Gau-
les, par sa nomination au siège de Lyon, était la récompense
due à l'archevêque (3).

(1) *Mandement de Messieurs les vicaires généraux du Chapitre de Nevers, le
siège vacant.* In-4° de 4 pages. — Nevers, imprim. Lefebvre, 1750, dans *Collection Languet.* t. XLVI, fol. 15. (Bibl. mun. de Sens). Les vicaires capitulaires
étaient : Dollet de Solières, Cotignon, Michel et de Borniol.

Tant de vertus réunies n'empêchèrent pas certains *zélanti* ou « brûlots » du
parti jésuite d'aller répétant que ce prélat risquait bien d'être damné. Son
crime — à leurs yeux impardonnable — était d'avoir trop favorisé les appelants.

(2) Nommé par le roi le 24 septembre 1750, il fut préconisé le 8 novembre
suivant et sacré à Paris le 5 mars 1751, dans la chapelle du séminaire de
Saint-Sulpice, par Jean-Joseph Languet, archevêque de Sens.

(3) Guyot Sainte-Hélène, dans les courtes notes biographiques sur les derniers
évêques de Nevers, ajoutées à l'ouvrage de Parmentier, écrit malignement :
« L'official convenait d'autant mieux à Nevers que M. des Montées pensait
comme M. Soanen. Il était dans l'ordre des choses que l'archevêque devint

Nommé en septembre 1740, Hugues ne vint à Nevers que le 9 juin de l'année suivante. Dans l'intervalle, les jésuites et autres se mirent en campagne afin de recruter des adhésions au Formulaire. S'il faut en croire le journal de la secte, ils allaient de maison en maison, quêtant des signatures. Quelques-uns d'entre eux, y est-il dit, ne se bornaient pas aux sollicitations : dans leur zèle de « constitutionnaires », ils y ajoutaient les menaces ; ils dénonçaient aux fidèles les curés appelants et les engageaient à fuir leur communion, affirmant tout haut que les Oratoriens et les Génovéfains étaient hors de l'Eglise, que l'évêque défunt était damné et qu'on ne devait pas prier pour le repos de son âme.

Ces agissements soulevèrent de vifs mécontentements ; les esprits s'aigrirent et la division augmenta. Le diocèse était comme en feu. Le 9 octobre 1740, un correspondant de Nevers écrivait aux *Nouvelles ecclésiastiques* : « Si l'on n'arrête pas les fureurs fanatiques des molinistes, je suis persuadé que nous verrons, avant peu, arriver quelque malheur dans cette province. On ne parle que d'*exterminer, pendre ces chiens de jansénistes* (1). C'est ainsi que l'on parle des meilleurs chrétiens et sujets du roi. Et, pour être regardé comme hérétique, il suffit, je ne dis pas de vivre avec piété et religion, mais seulement d'avoir une conduite sage et réglée. Quoiqu'on ne parle ni de Constitution ni de Formulaire, si l'on n'est pas entièrement dévoué aux jésuites, si l'on hésite à dire que le pape est *infaillible*, il n'en faut pas davantage pour être écrit sur le papier rouge, les séculiers comme les ecclé-

---

archevêque de Lyon et que l'official devint évêque ». (*Hist. manuscrite des évêques de Nevers*, t. II, p. 353. Autre exemplaire de l'ouvrage de PARMENTIER conservé à la Bibliothèque de la ville de Nevers, partie nivernaise nº 135. C'est sur cet exemplaire que se trouvent les renseignements ajoutés par Guyot de Sainte-Hélène).

Guyot de Sainte-Hélène avait connu l'évêque d'Hugues, étant son contemporain. Il donne encore sur lui ces quelques renseignements où se trahit le pamphlétaire : « Les dix ans qu'il passa à Nevers, furent employés à tracasser les jansénistes. Il me souvient que c'était un bien bel homme en habits pontificaux, que sa figure indiquait un bien bon homme qui avait pris parti pour être évêque et qui n'en restait pas là, parce qu'il espérait être archevêque et qui, avec son peu d'esprit, y est parvenu ». (*Idem opus, loc. cit.*).

En effet, après avoir occupé le siège de Nevers pendant dix ans, Mr d'Hugues fut promu à l'archevêché de Vienne, en Dauphiné.

(1) Mots soulignés dans le texte.

siastiques... Si notre nouvel évêque est tel qu'on le dit et qu'on le peut présumer du lieu où il vient et de celui où il va, car on assure qu'il se retirera dans son séminaire (1), ce sera bien pour achever nos désastres spirituels et temporels ».

Cet autre passage de la même lettre achève de peindre la situation : « Les jésuites sont comme des fous; ils courent quatre à quatre dans les maisons pour imprimer la terreur du nouveau prélat, qui va, disent-ils, détruire, écraser et pulvériser sans miséricorde tout ce qui leur est contraire (2). » Un fait certain, c'est qu'ils obtinrent du roi une lettre de cachet (23 avril 1751) à l'encontre du curé de la paroisse Saint-Victor, l'abbé Joseph Rabuteau, homme intelligent, austère, vertueux, que les partis s'accordaient à considérer, à Nevers, comme le porte-étendard des jansénistes et qui fut exilé à trente lieues du lieu de sa résidence. Au dire des *Nouvelles*, quelques jours auparavant, les jésuites du collège avaient invité leurs élèves à prendre part à une neuvaine de prières faite en vue d'obtenir la conversion de l'« hérétique ». La lettre de cachet arriva, paraît-il, juste le neuvième jour. La neuvaine, si elle ne produisit pas le résultat espéré, produisit au moins celui-là.

Le curé de Saint-Victor ne rentra pas dans sa paroisse ; il mourut dans le lieu de son exil (3).

Lorsque Guillaume d'Hugues fit son entrée dans sa ville épiscopale, le 9 juin, l'abbé Goussot, curé de Saint-Arigle, au

(1) Dont les bâtiments étaient occupés par les jésuites, mais séminaire sans séminaristes, les étudiants ecclésiastiques qui se préparaient aux ordres étant envoyés à Paris, au séminaire de Saint-Nicolas, et les autres, laissés libres sur ce point, suivant de préférence les cours des génovéfains de l'abbaye de Saint-Martin, mieux vus de l'évêque.

(2) L'auteur cite ce fait, en exemple : le Père Recteur avait, de son autorité privée, obligé les Ursulines à recevoir la Constitution, « bien qu'elle leur fût aussi étrangère que l'Alcoran ». Le Père Recteur, n'en déplaise au correspondant janséniste, était dans son droit, puisque, de l'aveu de ce dernier, il agissait ainsi à titre de confesseur extraordinaire. (Nᵒ du 12 décembre 1750, p. 200).

(3) L'abbé Rabuteau exerçait le ministère depuis quarante-deux ans. Pendant vingt-cinq ans il avait été archiprêtre de Prémery. Ayant reconnu qu'il lui était difficile, par suite de son état de santé, de desservir plus longtemps, sans détriment pour elle, une paroisse aussi étendue, il s'était fait un devoir de conscience de résigner ce bénéfice et de l'échanger pour la cure de Saint-Victor, beaucoup moins importante, mais entièrement agglomérée, bien que le premier lui rapportât annuellement 2.000 livres, alors que le revenu de celle-ci

nom de ses confrères des autres paroisses de Nevers, évoqua, dans ses souhaits de bienvenue, le souvenir d'un Guillaume d'Hugues, ancien archevêque d'Embrun (1), à jamais célèbre pour avoir renversé le « mur de séparation » qui existait dans son diocèse entre catholiques et protestants. On s'attendait au rapprochement ; on ne fut pas déçu. L'abbé Goussot ajouta aussitôt : « Le même mur de séparation subsiste encore parmi nous. Nous attendons de votre zèle Monseigneur, que vous travaillerez à le renverser; c'est l'unique moyen de rendre la paix à votre troupeau ».

Renverser ce « mur », c'est d'ailleurs à quoi le nouvel évêque s'employa sans retard. A quelques jours de là, il mandait auprès de lui trois des chanoines « appelants » : MM. Gueneau, Ducharreau et Le Bourgoing de Sichamps, et, moitié par exhortations moitié par menaces, il les amena à se rétracter. Deux autres restaient encore : les sieurs Taillandier et Lavarie. Le prélat les persuada avec le même succès. Le premier, infirme depuis vingt ans, se rendit sans peine. Le second, immobilisé par la maladie, fit à l'évêque sa rétrac-

était des plus modiques. Au témoignage de la feuille janséniste souvent citée, l'évêque défunt faisait beaucoup de cas de l'abbé Rabuteau, de ses talents et de ses vertus. Il lui avait promis de le soutenir tant qu'il vivrait, ajoutant qu'il ne pouvait répondre de ce qui arriverait après sa mort. (*Nouvelles ecclésiastiques*, n° du 1er mai 1751, p. 70.)

Le dernier curé de Saint-Victor, l'abbé Syrot, dans la déclaration officielle qu'il fit des biens de son église, en 1790, établit que les revenus s'élèvent, en tout, à 134 livres 2 sols. Il ajoute : « Le casuel de la paroisse est très modique, attendu qu'il y a plus de malheureux que de personnes aisées ». Or, il dit ailleurs que le principal revenu du curé consiste dans le casuel. Cf. BOUTILLIER, *Arch. parois. de Nevers*, p. 279, note). — D'autre part, en 1786, dans un mémoire présenté à l'assemblée générale du clergé, Mgr de Séguiran écrit : « Il y a dans la ville (de Nevers) onze cures et onze curés fort pauvres dont le principal revenu consiste dans le produit d'un casuel qui n'est point assujetti à des règles bien fixes », (*Ibid.*, p. 280). Enfin, on ne doit pas oublier que la population totale de Nevers, à cette époque, s'élevait seulement à 13.000 habitants.

L'abbé Rabuteau dut mourir à un âge fort avancé, car la paroisse ne fut pourvue d'un nouveau titulaire qu'en 1765, ayant été desservie, dans l'intervalle, par des prêtres délégués *ad hoc*.

(1) Guillaume d'Hugues, nommé par Marie de Médicis à l'archevêché d'Embrun, reçut, dans la suite, plusieurs missions importantes et délicates dont il s'acquitta avec plein succès. C'est lui qui reçut solennellement, à Grenoble, l'abjuration du duc de Lesdiguières (23 juillet 1622). *Gallia christiana*, t. III, col. 1096-1097).

tation de vive voix. Mais cette forme, suffisante au jugement du prélat, ne l'était pas aux yeux du doyen qui exigea une rétractation écrite, ce qui permit au malade de quitter cette vie « muni des sacrements de l'Eglise et dans les sentiments de la plus saine doctrine (1) ».

L'hebdomadier, un sieur Fiti, « sept-prêtre » (2), en même temps aumônier de l'hôpital général, était aussi « appelant ». Ayant refusé de se rétracter, Guillaume d'Hugues le frappa d'interdit. L'année suivante, une lettre de cachet de l'officialité exilait à Bayeux dom Rondel, prieur-curé de Saint-Martin. Il n'était pas « appelant », mais on lui reprochait de tenir dans son couvent des conciliabules jansénistes (3).

Les jansénistes nivernais avaient trouvé leur maître. Guillaume d'Hugues leur infligea une défaite dont ils ne se relevèrent jamais. Sous son épiscopat, leur influence ne fit que décroître. C'était d'ailleurs le temps où, dans tout le royaume, la secte agonisait.

---

(1) *Arch. municip. de Nevers*, GG, 76. Acte de décès. Il mourut le 10 juillet 1741, un mois exactement après l'intronisation de l'évêque ; il était âgé de soixante-treize ans.

(2) On désignait sous ce nom, à Nevers, les chanoines semi-prébendés tenant le milieu entre les chanoines proprement dits ou prébendés et les simples prêtres. D'après les auteurs de la *Gallia christiana* (t. XII, col. 663), ils furent fondés en l'année 1290, par le doyen du chapitre, Simon. (V. aussi Crosnier, *Congrég. relig. d'hommes*, p. 83 et suiv.). Leurs fonctions consistaient à prendre part à l'office canonial de jour et de nuit et à remplacer, moyennant une rétribution de dix sols tournois, les prébendés semainiers présents ou absents. Ils étaient astreints à une résidence continuelle et personnelle. C'est vraisemblablement pour ce motif que, dans le principe, ils furent appelés « les habitués », *habitanti*, et, un peu plus tard, d'un terme équivalent. « chanoines de résidence ».

Ces chanoines avaient la faculté d'assister aux séances du chapitre, mais n'y jouissaient pas du droit de vote ; en d'autres termes, ils n'étaient pas « capitulants ». Ils prenaient place au chœur dans les stalles hautes, à la suite des prébendés et avaient droit à l'aumusse. Comme ils étaient au nombre de sept, le peuple, pour les distinguer des chanoines prébendés, prit l'habitude de dire les Sept-Prêtres, et, en parlant de l'un d'eux, un Sept-Prêtre. Ils avaient leurs habitations particulières dans le cloître des chanoines ; elles occupaient la rue dénommée encore actuellement « Rue des Sept-Prêtres ».

(3) Inutile de dire que le monopole des cours faits aux séminaristes fut rendu aux jésuites. (*Nouv. ecclés.*, n° du 6 mai 1742).

DEUXIEME PARTIE

Le Jansénisme dans la circonscription Autunoise

Cette partie sera sensiblement moins étendue que celle qui précède et que celle qui suit, l'historien ayant ici assez peu à glaner. La raison de cette pénurie de documents et, par là même, de matière historique, est facile à expliquer. Le diocèse d'Autun, sans en avoir été totalement indemne — aucun diocèse de France ne le fut, à proprement parler — est un de ceux où les doctrines nouvelles trouvèrent le moins de crédit. Le journal de la secte le constate avec amertume ; on y lit, à la date du 29 mai 1746 : « Il n'y a guère de diocèse dans le royaume aussi asservi que celui-ci à la morale et aux dogmes erronés de la Société [de Jésus]. On ne connaît dans le séminaire que la misérable théologie de Poitiers ; on n'y exige, pour toute disposition à l'état ecclésiastique, qu'une aveugle soumission à la Constitution et au Formulaire. Les plus fanatiques y sont en honneur, les grands vicaires les protègent (1). »

Les directeurs du séminaire étaient les sulpiciens, lesquels se déclarèrent toujours les adversaires de l'hérésie nouvelle. Quant à l'évêque, c'était, à cette époque, M. de la Valette qui n'eut, lui non plus, rien de commun avec la secte. Le siège d'Autun fut pourtant occupé par un évêque janséniste — un seul — M. de Montazet ; mais ce prélat ne resta que dix ans à la tête du diocèse (1748-1758), pas assez, par conséquent, pour y laisser des traces durables. Malgré tout, le jan-

(1) *Nouv. ecclés.*, n° du 29 mai 1746, p. 85.

sénisme réussit à pénétrer en quelques endroits. Nous sommes à même d'en citer au moins trois : Corbigny, le Val-Saint-George et Lormes.

I. — Le Jansénisme à Corbigny

Le jansénisme fut introduit à Corbigny par les religieux de l'abbaye Saint-Léonard, et surtout par un de leurs abbés commendataires nommé Pucelle (1). L'abbé Pucelle — il n'était que sous-diacre et le resta toute sa vie — remplissait l'office de conseiller-clerc au Parlement de Paris, dont il était un des membres les plus influents et, avec l'abbé Menguy, le meilleur orateur. La secte ne comptait pas d'adepte plus dévoué et les constitutionnaires d'adversaire plus redoutable, la Constitution étant regardée par lui comme « le fléau de l'Eglise et du royaume ». Le président Hénault a tracé du conseiller-clerc ce vivant portrait : « L'abbé Pucelle était d'une taille médiocre, haut en couleur ; des cheveux blancs qui le rendaient vénérable, quoiqu'il ne fût pas d'un âge avancé ; en un mot, taillé en chef de parti. Quand il opinait, il avait l'air pénétré. D'une main il frappait avec force sur son bureau et de l'autre il passait ses doigts dans ses cheveux qui devenaient hérissés. C'était le Démosthène du Parlement. Sans affecter l'éloquence, il n'était que plus éloquent. Le désordre était son art. La Constitution [*Unigenitus*] était pour lui ce que Philippe était pour l'orateur athénien. Les tableaux les plus touchants, les images les plus fortes, les entrailles émues, les larmes qui lui échappaient, c'était bien plus qu'il n'en fallait pour émouvoir la plus grande partie du Parlement. D'ailleurs, un fort bon homme et d'un commerce fort agréable. » Fénelon l'avait en haute estime et en faisait le plus grand cas (2). Tout le monde, amis et adversaires, s'ac-

(1) Il fut pourvu de cette abbaye en 1695, à l'âge de trente-neuf ans. L'abbaye bénédictine de Saint-Léonard de Corbigny dépendait de la Congrégation de Saint-Maur.

(2) Fénelon, *Œuvres*, t. VII, édit. de 1835, p. 621.

cordait à rendre justice à sa piété de chrétien, à ses vertus privées et à sa science canonique. Quant à son intégrité de juge, elle était au-dessus de tout soupçon ; bref, c'était un grand et noble caractère. Au Parlement, on l'appelait *le dernier des Romains*. Aussi le parti janséniste, auquel il appartenait, était fier de le compter dans ses rangs ; de fait, il en était la gloire. A l'époque des luttes engagées, à propos des affaires jansénistes, entre le Parlement et le pouvoir royal, l'évêque de Montpellier, Colbert de Croisy, lui écrivait, le 30 janvier 1731 : « Quand on aime la vérité, Monsieur, peut-on être insensible à tout ce que vous faites pour sa défense ? Je ne puis me lassser d'admirer le courage dont vous donnez chaque jour des preuves si éclatantes. Vous êtes l'honneur et la gloire de notre pays : *tu gloria Jerusalem, tu lœtitia Israël, tu honorificentia populi nostri quia fecisti viriliter et confortatum est cor tuum* (1). Tous ceux qui aiment l'église et l'Etat découvrent dans le fond de votre cœur ce que vous désiriez que le roi y pût lire, et ce qu'il y lirait si vos sentiments pouvaient parvenir jusqu'à lui (2) ».

Le cardinal de Fleury, ministre du roi, ayant évoqué au Grand Conseil les affaires relatives au jansénisme souleva, par cette mesure, un vif mécontentement dans le monde des parlementaires et des avocats, presque tous gagnés au parti. Il s'ensuivit une véritable « grève », les premiers refusant de siéger, les seconds de plaider. L'abbé Pucelle figurait au premier rang des meneurs. Il fit partie d'une députation envoyée par ses collègues du Parlement auprès de Louis XV, alors en résidence au château de Compiègne, et qui avait pour mission d'obtenir du monarque le rejet de la mesure en question.

Le roi reçut fort mal les députés. « Je vous ai fait savoir ma volonté, leur dit-il. Je veux qu'elle soit pleinement exécutée. Je ne veux ni remontrance ni réplique. Vous n'avez déjà que trop mérité mon indignation. Soyez plus soumis et retournez à vos fonctions ». Le premier président ayant fait mine de parler, le roi lui cria : « Taisez-vous ». Et comme le pauvre homme n'osait plus remettre la harangue

<hr>

(1) *Judith*, XV, 10.
(2) *Nouv. ecclés.* n° du 25 mars 1731.

dont il était porteur, l'abbé Pucelle sortit des rangs, ploya le genou devant le roi et déposa à ses pieds un exemplaire de la harangue. Louis XV ordonna de la déchirer, ce que Maurepas, son ministre, présent à l'entrevue, s'empressa de faire (14 mai 1732) (1).

A la suite de cette scène, Pucelle fut arrêté et exilé dans son abbaye de Corbigny (2).

Le peuple de Paris, toujours frondeur, avait naturellement pris parti pour le Parlement contre l'autorité royale, dans la personne de son ministre, et comme l'abbé Pucelle se trouvait être le porte-drapeau de l'opposition, il était devenu très populaire. On fredonnait dans les rues, sur l'air de *Ma pinte et ma mie, ô gué*, ce couplet gaulois qui faisait la nique à la police et au ministre :

> Le roi, pour plaire à Fleury
>   Et à sa sequelle,
> Vient d'exiler de Paris
>   Le zélé Pucelle.
> Le peuple va murmurer,
> Et les filles vont crier :
> Rendez-nous Pucelle
>   O gué !
> Rendez-nous Pucelle !

(Journal de Barbier, II, 279).

C'est au mois de mai 1732, avons-nous dit, que l'abbé Pucelle reçut l'ordre de se retirer dans son abbaye de Corbigny, au diocèse d'Autun. Il y arriva le lundi des Rogations. L'un des religieux, dom Thévoux, accompagné d'un de ses confrères, alla au devant de lui à la distance de deux bonnes lieues. « En l'abordant, raconte dom Thévoux, je ne pus lui dire un mot et je fondis en larmes. En grand homme, il me dit : « Allons, allons, dom Thévoux, point de faiblesse

(1) Desdevisses du Dezert, *L'Église et l'État en France*, Paris, 1907, t. I, p. 185.

(2) Au sujet de cette arrestation, nous lisons dans les Mémoires de Maurepas : « On fit violer le droit des gens à son égard ; il fut arrêté étant député, et on ne lui donna pas le temps de porter la réponse de sa députation. Un brigadier du corps et un garde l'arrêtèrent et l'emmenèrent à Corbigny ».

» humaine, je viens vous servir de compagnon de misère,
» trop heureux de souffrir pour la justice (1) ».

Le même religieux nous apprend qu'on avait donné à
l'abbé un brigadier et un garde du corps chargés de le garder
à vue, et, à ce sujet, il cite la belle réponse faite, un jour,
au premier : « Le brigadier lui témoignant la peine qu'il
avait d'un emploi si gênant pour lui abbé, ce grand homme
lui répondit : « Monsieur, je suis ici pour avoir fait mon
» devoir, faites le vôtre ; si vous ne le faisiez pas, je vous en
» estimerais moins ».

Comment de bons religieux ayant pour abbé un « grand
homme », logeant sous leur toit, n'eussent-ils pas partagé
ses opinions ? Le grand homme étant janséniste, pouvaient-
ils être autre chose que jansénistes (2) ? Il convient de dire
cependant qu'ils n'avaient pas attendu l'arrivée de l'abbé
Pucelle pour embrasser les doctrines nouvelles ; depuis longtemps, ils étaient gagnés à la secte. Ainsi, à l'époque où,
dans presque tous les diocèses de France, se produisait le
mouvement d'appels contre la Constitution *Unigenitus* et
qui, comme on l'a vu, se fit sentir si vivement à Nevers, les
moines de l'abbaye de Saint-Léonard furent des premiers à
y prendre part. Ils eurent à cœur de faire acte d'adhésion aux
deux appels au futur concile interjetés, les 3 avril 1717 et

(1) Cité par l'abbé MARILLIER, *Corbigny*, Nevers, 1887, p. 255. L'abbé Marillier
ne fournit aucune référence ; il semble que, chez lui, ce soit parti pris. Il suit,
du reste, sur ce point, l'exemple d'un autre vicaire général de Nevers,
Mgr Crosnier, qui avait contracté cette détestable habitude, si en opposition
avec les exigences de la critique moderne et qui enlève à ses ouvrages, par
ailleurs si précieux, beaucoup de leur valeur.

(2) L'auteur de l'*Histoire littéraire de la Congrégation de Saint-Maur*, dom
Tassin, rapporte qu'en 1728, l'abbé Pucelle, alors exilé dans son abbaye de
Corbigny, obtint de posséder auprès de lui un religieux qu'il avait connu à
Paris, dom Thiroux, un des continuateurs, avec les frères de Sainte-Marthe,
de la *Gallia christiana*, et qui se trouvait, en ce moment, à l'abbaye du même
ordre de Saint-Martin d'Autun. Nous avons peine à supposer que dom Tassin
fut mal informé. Il faudrait alors en conclure que l'abbé Pucelle subit, à cette
date, un premier exil. En tout cas, dom Thiroux ne put se trouver en même
temps que lui à Corbigny, en 1732, puisque, au témoignage du même historien, ce religieux mourut le 15 septembre 1731. Quant à l'abbé Pucelle, ce fut
seulement après la paix conclue entre la cour et le Parlement qu'il quitta la
petite ville de Saint-Léonard dont il était, en quelque sorte, devenu l'idole par
sa bonne grâce et par les bienfaits qu'il répandait abondamment autour de
lui. Il mourut à Paris, à l'âge de quatre-vingt-dix ans.

3 octobre 1718, par le cardinal de Noailles, archevêque de Paris.

Le 18 novembre de cette dernière année 1718, la communauté s'étant réunie au son de la cloche, en la manière accoutumée, le prieur prit la parole. Il parla du « trouble que la Constitution de Notre Saint-Père le pape Clément XI du 8 septembre 1713 avait jeté dans la conscience des fidèles », de « l'avantage que les auteurs de la nouvelle morale, contraire à celle de tous les siècles, croyaient en tirer », du « triomphe que les ennemis de la religion prétendent en remporter ». Après quoi, il expliqua que, pour se mettre à couvert de l'excommunication récemment lancée par le Souverain Pontife, dans ses Lettres du 8 septembre précédent (1718), contre tous ceux qui refuseraient de recevoir purement et simplement la Constitution *Unigenitus* avec une obéissance aveugle, il n'existait d'autre moyen que celui d'en appeler au futur concile en adhérant aux appels interjetés par son Eminence le cardinal de Noailles. Ces appels lus et l'affaire mise en délibération, l'adhésion fut votée, après toutefois « la protestation faite par ladite communauté qu'elle n'a jamais eu et qu'elle n'aura jamais d'autre foi que celle de l'Eglise catholique, apostolique et romaine, et qu'elle conservera toujours le respect dû au Saint-Siège et à Notre Saint-Père le Pape » (1).

Un autre religieux de l'abbaye de Saint-Léonard, dom Jean-Jacques Barré, se trouvait, dans ce temps-là, pour des raisons qui nous sont inconnues, à la maison du même ordre de Saint-Germain-des-Prés, à Paris. Informé de la démarche

---

(1) *Recueil des Actes d'Appel interjetés au futur concile général de la Constitution Unigenitus*, t. III, p. 399. L'ouvrage reproduit le procès-verbal de la délibération capitulaire de l'abbaye.

Les signataires de l'appel étaient : Nicolas Perche, prieur ; François Godard, sous-prieur ; Claude Brunet, Louis Le Seigneur et Jean-Jacques Monier. Ils ne constituaient pourtant pas toute la communauté ; il y avait un dissident, le secrétaire ordinaire du chapitre, dom Claude de la Varenne. Requis, au moment de l'ouverture de la séance capitulaire, de remplir son office de secrétaire, il s'en excusa et déclara ne pouvoir adhérer aux appels, donnant pour motif « qu'il n'était pas suffisamment instruit des matières dont il s'agissait » ; en conséquence, il conjura le Père prieur de désigner un autre secrétaire. Dom prieur désigna alors Jean-Jacques Monier, « qui prêta le serment ordinaire ».

que se proposaient de faire ses confrères de Corbigny, il résolut de les imiter en accomplissant, pour ce qui le concernait, une démarche analogue. « Sachant, dit-il, que la communauté de Corbigny devait adhérer auxdits appels (ceux de l'archevêque de Paris et des évêques de Mirepoix, Boulogne et Montpellier), en mon absence, j'ai cru qu'il était nécessaire, me trouvant dans le diocèse de Paris, en l'abbaye de Saint-Germain-des-Prés, d'adhérer aux susdits appels desdits archevêque et évêques, comme je le fais par ces présentes (1). »

Comme on le voit, les opposants à la Bulle *Unigenitus* ne se recrutaient pas seulement parmi les membres du clergé séculier ; le clergé régulier fournissait, lui aussi, son contingent. Dans presque tous les ordres religieux, des appels se produisirent ; la division existait là comme ailleurs ; bien peu y échappèrent, ce qui prouve que le virus janséniste s'était infiltré partout. Même ceux que leur genre de vie eût dû en préserver en furent atteints : tel, l'ordre austère de Saint-Bruno.

II. — Le Jansénisme à la Chartreuse du Val-Saint-George[2]

Emu des appels formulés par plusieurs chartreux de différentes maisons de l'ordre contre la Bulle *Unigenitus* et voulant en empêcher d'autres de se produire, le supérieur de la Grande chartreuse fit signer, en chapitre général, un décret prescrivant l'acceptation de ladite Bulle par toutes les chartreuses du royaume. Ce décret, connu sous le nom de décret *Quo zelo*, par où il commence, fut publié le 25 avril 1723.

D'après les statuts de l'ordre, un décret du chapitre général qui n'est point confirmé n'a de force et n'oblige que pendant le cours de l'année ; mais, s'il est confirmé par le chapitre suivant, il acquiert force de loi et oblige pour toujours.

(1) *Idem opus, loc. cit.*
(2) La chartreuse du Val-Saint-George était située sur la paroisse de Pouques.

L'époque de la tenue du chapitre général de l'année 1724 approchant, les religieux qui désapprouvaient les ordonnances contenues dans le décret du chapitre précédent crurent devoir faire un dernier effort pour empêcher qu'il fût confirmé. A cet effet, ils convinrent de signer en commun un acte, en forme de remontrance, qui serait adressé au chapitre général, ce qui eut lieu. Parmi les signataires, nous relevons trois religieux de la chartreuse de Basseville, près Clamecy, sur la paroisse de Surgy, laquelle n'en comptait guère que six, étant une des moins importantes de l'ordre, et trois de la chartreuse du Val-Saint-George (1).

En cette année 1724, arrivait à la chartreuse du Val-Saint-George, en qualité de prieur, dom Benoît Houasse, précédemment prieur de la chartreuse de Lugny, près Paris, et ancien opposant. Peu de temps après, il recevait du supérieur général un ordre lui enjoignant de réunir sa communauté et d'interroger ses religieux l'un après l'autre, à l'effet de s'enquérir s'ils se soumettaient au décret *Quo zelo*. La chartreuse du Val-Saint-George comptait neuf religieux, y compris le prieur. Bien qu'ils eussent vécu jusque là dans une parfaite union, ils se divisèrent au sujet du décret en question. L'enquête eut lieu le 25 novembre. Quatre religieux se soumirent ; les cinq autres se déclarèrent opposants. A leur tête, était le vicaire ou sous-prieur, dom Louis Gendrot, vieillard respectable et religieux édifiant. « Je ne puis, dit-il, recevoir ni le décret ni la Constitution. Il y a déjà sept ans que je suis dans ces dispositions relativement à celle-ci ; si je ne m'en suis pas expliqué plus tôt, c'est que je n'y avais pas été contraint ». Un autre religieux, dom Urbain Delpech, fit cette déclaration : « Je ne reçois point le décret, je ne le puis, je ne le dois en conscience ». Un troisième, dom Louis Brunel, s'expliqua en ces termes : « Puisqu'il faut obéir à Dieu plutôt qu'aux hommes, je persiste à refuser le décret *Quo zelo* qui implique avec soi l'acceptation pure et simple de la Constitution ». Les deux autres, dom Basile Chupé et dom René Serlat, opinèrent dans le même sens.

(1) Ces trois derniers étaient : Basile Chupé, ancien prieur du même monastère, qui avait été appelant en 1718 ; Basile d'Artois, ancien vicaire ou sous-prieur de Paris, et René Serlat.

Le prieur rendit compte au supérieur général du résultat de son enquête. Après avoir rapporté les réponses des opposants, il ajouta, pour ce qui le concernait : « Quant à moi, quoique j'aie signé naguère, étant prieur de Lugny, le décret *Quo zelo*, je reste attaché inviolablement aux dogmes de la grâce efficace par elle-même, de la prédestination gratuite, de la nécessité de l'amour de Dieu pour être justifié, etc. ; ces vérités font la règle de ma foi, et je suis prêt à tout sacrifier pour les défendre ».

Ces protestations ne purent empêcher la confirmation, par le chapitre général, du fameux décret. Aussitôt ordre d'y adhérer est envoyé au prieur du Val-Saint-George et à ses religieux. On leur avait fixé, comme dernier délai, la date de la Saint-Martin de la susdite année 1724. Ce jour-là, le prieur, dom Houasse, fit donner lecture de la confirmation du décret *Quo zelo* ; puis, ayant pris la parole, il prononça un petit discours qu'il termina ainsi : « Je rétracte la signature que j'ai donnée précédemment au décret *Quo zelo* et blâme sa confirmation. J'appelle au concile général de ce décret et de la Constitution *Unigenitus* ; je proteste contre ces deux pièces et, en même temps, contre les monitions faites ou à faire et contre toutes les peines qu'on pourrait prononcer contre moi. Je rétracte aussi la signature par laquelle j'ai souscrit le Formulaire ; je la rétracte quant au fait et je la confirme quant au droit, m'en tenant là-dessus à la Paix de Clément IX ».

Le prieur s'abstint d'interroger ses religieux ; mais, après qu'il eût fini de parler, dom Gendrot se leva et, tant en son nom qu'en celui de ses confrères opposants, déclara qu'en ayant appelé, le 25 novembre précédent, au concile général, eux et lui maintenaient ledit appel, protestaient, en outre, contre les monitions et rétractaient la signature donnée par eux au Formulaire.

Dom Houasse s'attendait bien à ce que son attitude lui vaudrait les foudres de l'autorité centrale. En effet, quelques jours plus tard, la communauté recevait l'ordre de le déposer et de le réduire à l'état de simple religieux. On lui donna pour successeur dom Anthelme de Montenay, profès de la chartreuse de Paris, et qui, depuis vingt ans, remplissait les fonctions de procureur à celle du Val-Saint-George. Même châtiment fut infligé au vicaire dom Gendrot (1).

Il paraît que ces changements ne portèrent aucune atteinte à la paix de la communauté et que l'harmonie continua de régner entre les religieux. Le nouveau prieur, quoique acceptant, était plein de prévenance pour les opposants. S'il faut en croire ces derniers, il manifestait à l'égard de la Bulle un respect très relatif ; il considérait son acceptation comme une pure formalité. Il aurait dit, un jour, à l'un des opposants : « Pourquoi vous rendre malheureux le reste de votre existence pour une bagatelle ? Faites comme moi : je reçois la Bulle, mais pour la jeter au feu ». Quelque temps après, s'entretenant, dans l'intimité, avec le même religieux, au lendemain de son retour du chapitre général tenu en 1725, il lui fit cette confidence : « En revenant de la Grande Chartreuse, nous nous sommes trouvés, aux environs de Lyon, une douzaine de prieurs à la même table ; la Constitution y fut mise sur le tapis, mais de telle façon que si on nous avait entendus, on nous aurait pris pour douze appelants (2). »

III. — Me Jean de Montlevrain, curé de Lormes

Du Val-Saint-George transportons-nous à Lormes. Aussi bien la distance est courte, à peine deux lieues. Là, nous trouvons un curé janséniste qui, pendant plus de trente ans, ne cessa d'exaspérer la population par sa sévérité outrée, ses exigences déraisonnables et son entêtement obstiné, créant ainsi dans la paroisse un malaise qui ne prit fin qu'à sa mort. A plusieurs reprises, les habitants portèrent plainte contre lui devant l'évêque d'Autun ; ils allèrent même jusqu'à saisir de leurs griefs le roi Louis XIV, alors régnant.

Nombreux et de diverses sortes étaient ces griefs. En voici énumérés quelques-uns ; refus opposé par le curé de visiter

(1) En 1726, dom Houasse, dom d'Artois et dom Chupé étaient réfugiés en Hollande, les deux premiers à Ham et le troisième à Froonestein.

(2) *Recueil des Actes d'Appel*, etc., t. III, p. 508-510.

et de confesser certaines catégories de ses paroissiens et défense à eux de s'adresser à d'autres prêtres sans autorisation écrite et signée de sa main, ce qui faisait que, depuis plusieurs années, sur douze ou quatorze cents communiants environ que comptait la paroisse, le tiers n'avait point encore satisfait au devoir pascal, même que plusieurs personnes étaient mortes sans sacrements ; condamnation publique de certaines pratiques et de certains contrats, conformes, affirmaient les intéressés, à la coutume du Nivernais, mais que lui, curé, jugeait usuraires ; interdiction aux femmes et aux jeunes filles, sous peine de refus d'absolution, de porter rubans et dentelles, etc.

Le 15 janvier 1673, les habitants de Lormes s'assemblent au son du tambour, à l'effet d'aviser aux moyens de faire cesser le malaise existant dans la paroisse par le fait du sieur de Montlevrain, leur curé. On décide de choisir des délégués auxquels sera confiée la mission de requérir ce dernier de se rendre avec eux à Autun pour s'expliquer ensemble par-devant l'évêque ou, en son absence, par-devant son grand vicaire. Les délégués choisis furent le bailli de Lormes, le procureur fiscal et l'un des échevins. C'était le matin. Les trois notables commencent par assister à la messe dite par le curé. Celle-ci terminée et M. de Montlevrain rentré à la sacristie, ils abordent ce dernier et lui transmettent la décision prise par la communauté des habitants de Lormes relative à la démarche à faire, conjointement avec lui, auprès de l'évêque d'Autun ou de son grand vicaire, au jour que lui-même fixera. M. de Montlevrain répond qu'il ne fera point cette démarche, mais qu'à la place il enverra un mémoire. En vain les délégués lui représentent-ils qu'il serait préférable de s'expliquer contradictoirement, il persiste dans son refus. Les mêmes ajoutent qu'ils seraient bien aise de savoir ce que l'autorité diocésaine pense de l'avertissement donné par lui, sieur curé, du haut de la chaire de son église et d'après lequel ses paroissiens doivent, toutes et quantes fois qu'ils voudront, s'adresser en confession à un prêtre autre que lui-même, être munis d'une autorisation écrite et signée de sa main, se réservant de leur indiquer tel confesseur qu'il lui plaira, faute de quoi leurs confessions seront tenues pour nulles et non avenues. M. de Montlevrain est contraint d'avouer qu'il en a référé, sur ce point, au grand vicaire, lequel lui a fait observer que les billets de confession ne sont exigibles que pour le temps pascal. Et comme les délégués, poussant plus loin, lui reprochent de ne pas visiter tous ses paroissiens indistinctement lorsqu'ils sont malades, il réplique qu'il n'y est pas tenu, à moins d'en être requis expressément. « Au surplus, ajoute-t-il en se retirant, je ne crains que Dieu (1) ».

Saisi de la plainte dont nous venons de parler, l'évêque d'Autun charge son vicaire général d'examiner quelle suite il convient d'y donner, mais il lui conseille de rechercher auparavant ce qu'il y a de fondé dans les réclamations des habitants de Lormes. Ceux-ci ne sont pas plutôt informés de cette résolution qu'ils s'empressent d'adresser au prélat un mémoire où leurs griefs sont exposés et qui est destiné à l'éclairer.

Ils ont souffert en silence, affirment-ils, toutes les sévérités que le sieur de Montlevrain a exercées contre eux, dans l'espoir qu'avec le temps ledit sieur curé se comporterait plus charitablement ; que si, à différentes fois, ils ont porté à ses grands vicaires ou à lui-même leurs justes plaintes, ce ne fut toujours qu'à la dernière extrémité. Mais le sieur de Montlevrain persévérant dans les mêmes pratiques, ils se voient obligés, à leur grand regret et malgré la promesse qu'ils s'étaient faite de garder le silence, de lui exposer leurs trop légitimes griefs (2). Les desiderata formulés dans le Mémoire se réduisaient aux suivants :

« 1° Le sieur curé ne prêchera plus contre les cheptels qui seront faits selon la coutume du Nivernais où la paroisse de Lormes est totalement assise et située... Partant la participa-

---

(1) *Plainte des habitants de Lormes contre leur curé*, du 15 janvier 1673 (feuille manuscrite). — Arch. départ. de Saône-et-Loire, série G (non encore classée), fonds de l'évêché d'Autun. — V. aux pièces justificatives, pièce I. Cette pièce et les suivantes relatives au même objet sont tirées du même fonds.

(2) *Remontrances très humbles que fait la communauté des habitants de la ville et paroisse de Lormes, pays nivernois, à Monseigneur l'Illustrissime et Révérendissime évêque d'Autun, en la personne de M. l'abbé de Senaux, docteur en Sorbonne et vicaire général, par lui député touchant les débats qui sont à régler entre eux et maistre Jehan de Moulevrain (sic). leur curé audit Lormes.* (Arch. de Saône-et-Loire, même fonds). Le Mémoire comprend trois pages de papier grand format et d'écriture serrée.

tion des sacrements de Pénitence et d'Eucharistie ne sera plus refusée, comme il a été fait par ledit sieur curé, aux particuliers, paroissiens dudit Lormes qui avaient stipulé les contrats desdits cheptels.

» 2° Ledit sieur curé ne refusera plus l'usage des sacrements aux particuliers qui seront collecteurs, qui auront obéi et exécuté les ordres exprès des commissions des tailles sur la proportion des particuliers paisibles non confessés les trois années précédentes, et sur la proportion des crues (augmentations) ou diminutions.

» 3° Les confessions desdits paroissiens seront libres absolument en tout temps, pour les faire à tel prêtre approuvé qu'ils choisiront, sauf au temps de Pâques, qu'ils seront tenus de faire en leur paroisse ou ailleurs, sur le billet de la permission dudit sieur curé, à condition de lui rapporter le certificat de leur devoir pascal fait par devant un approuvé.

» 4° Il sera envoyé par mondit seigneur évêque un vicaire en la paroisse dudit Lormes, attendu le grand nombre de quinze cents communiants, qui sera logé dans la ville aux frais des paroissiens, indépendamment dudit sieur curé, pour le secourir en tous ses devoirs curiaux, auquel vicaire sera payé par ledit sieur curé annuellement la somme de trois cents livres, outre ses messes, assistances et fonctions aux services particuliers.

» 5° Et parce que depuis trois ou quatre ans en ça, ledit sieur curé n'a pas pu souffrir aucun vicaire, de la mense duquel il a profité, au préjudice desdits paroissiens qui en ont souffert des incommodités très grandes spirituellement, corporellement et en leurs biens, d'autant qu'ils ont été nécessités d'aller chercher l'usage desdits sacrements en plusieurs paroisses, quelquefois beaucoup éloignées, eu égard que le sieur de Montevrain a défendu aux sieurs curés, ses voisins, de recevoir à la participation des sacrements sesdits paroissiens, il fera, par forme de restitution, un présent à l'église, jusqu'à telle somme qui sera arbitrée par mondit seigneur évêque.

» 6° Pour autant que ledit sieur de Montevrain a empêché formellement les missions des prédicateurs de la parole de Dieu dans ladite paroisse que mondit seigneur évêque envoyait ordinairement aux avents et carêmes, lesdits paroissiens seront favorisés des mêmes avantages à l'avenir, sous leur requête à mondit seigneur évêque, à condition que les prédications seront faites tous jours de fêtes et dimanches en l'église paroissiale, et, aux autres jours, alternativement aux chapelles des dames religieuses Ursulines dudit Lormes et de Saint-Pierre, selon les commodités des prédicateurs qui, seuls, détermineront librement l'ordre de leurs prédications. Moyennant quoi, ils recevront leurs rétributions ordinaires des seuls frais et dépenses desdits paroissiens, auxquels, devenant indisposés, lesdits sacrements seront administrés par leurs confesseurs ordinaires, sans que ledit sieur curé les en puisse empêcher aucunement (1) ».

On ne sait si ces braves gens obtinrent satisfaction.

Quatre ans plus tard, 9 mai 1679, nouvelle plainte émanant d'un certain nombre d'habitants. A Pâques de cette année, le curé avait refusé de les recevoir aux sacrements. C'était à propos de contrats de cheptels très fréquents dans le pays et que le curé jugeait entachés d'usure. En quoi consistaient ces contrats ? Nous en trouvons la définition dans un écrivain nivernais, le jurisconsulte Guy-Coquille : « Le contrat de cheptel, dit-il, est de telle nature que le bailleur baille et fournit le bétail, et le preneur le prend en garde et en sa charge pour le nourrir, traicter, garder et gouverner à ses dépens, comme il faict ou devrait faire le sien propre (2) ».

Comment ces contrats étaient-ils pratiqués à Lormes ? Quelles en étaient les clauses ? Nous l'ignorons. Au dire des propriétaires ou bailleurs, la pratique n'en avait rien que de régulier et, partant, que de légitime ; elle était « non seulement conforme au texte littéral de la coutume, mais encore à l'usage qu'en faisaient toutes les communautés ecclésiastiques, les particuliers, tant réguliers que séculiers, qui

---

(1) *Propositions contestées entre M° Jehan de Montecrain, maître ès-arts, curé de la ville et paroisse de Lormes, d'une part ; et les magistrats et habitants dudit Lormes, d'autre part.* (Arch. départ. de Saône-et-Loire, même fonds. Cette pièce n'est qu'un résumé de la précédente).

(2) *Coutume du Nivernais,* p. 455, édit. de 1625.

La coutume dont il est parlé fut rédigée en l'année 1590. Une copie manuscrite en est conservée à la Bibliothèque de la ville de Nevers. A l'article « du chatelz de bestes », on lit : « Toutes manières de bestes se baillent a chatel pour le pris qu'il est convenu entre les parties, et les doit le premier nourrir, traiter, garder et gouverner raisonnablement à ses dépens, et ledit pris payer au bailleur desdites bestes ; le surplus du gain se part par moitié entre le bailleur et le preneur, et si lesdites bestes se meurent, premier que ledit pris soit payé audit bailleur ; la perte se paye par moitié ».

(*Le coutumier du païs du Nivernois et Donzinis fait à Nevers, par assemblée des états et par autorité du prince desdits païs, rédigé en 1590,* fol. 65. (Bibl. de la ville de Nevers, partie nivernaise, manus. n° 999).

composent le clergé, la noblesse et le tiers-état », coutume remontant à quatre siècles et qui fut mise par écrit après avis concerté entre les trois états de la province et en présence des commissaires envoyés par le roi alors régnant.

Les termes vagues et, par là même, élastiques dans lesquels la coutume était rédigée laissaient une grande latitude aux contractants ; rien d'étonnant, par suite, qu'elle ait donné naissance à des abus et que certains contrats aient eu un caractère usuraire. Ils l'avaient réellement, affirmait le curé, dont l'opinion, sur ce point, avait été formée, au dire des plaignants, par un prêtre de l'Oratoire, le P. de Saint-Germain. Ce religieux avait prêché, à Lormes, en cette même année 1679, la station quadragésimale et avait avancé publiquement la thèse de l'usure, allant jusqu'à déclarer que s'il lui arrivait de confesser les contractants, bailleurs ou preneurs, les premiers surtout, il leur refuserait l'absolution, quand bien même pape, roi ou évêque lui en donneraient l'ordre, à moins qu'ils ne se soumissent à ses décisions.

Il en était résulté que, à leur grand regret, plus de six cents personnes n'avaient pu remplir leur devoir pascal. « Nous laissons à Votre Grandeur, ajoutent les pétitionnaires, à juger dans quels troubles et désolations ce refus a mis notre communauté... Nous vous supplions donc et vous conjurons, par tout ce qu'il y a de plus sacré et de plus divin, voire même par votre incomparable charité, d'apporter un prompt remède à un mal si pressant et si dangereux ; car nous sommes très assurés que quelques intimations que Votre Grandeur fasse à ce sujet audit sieur notre curé, il n'y obéira jamais : il en a trop de fois fait la déclaration publique et particulière (1) ».

(1) Voir aux Pièces justificatives de l'Appendice, pièce II.

Les passages suivants d'une lettre portant la date du 25 mai 1681, et écrite, en réponse à une consultation, par un homme de loi qui signe Joseph Cazet, nous fournit quelques renseignements sur les contrats de cheptel en usage à Lormes et dans la région, et jette un peu de jour sur ce sujet :

« On nous a dict que Monseigneur d'Autun voulait faire examiner en Sorbonne les contracts de cheptels. C'est une matière assez difficile à bien entendre, à moins que d'en avoir l'usage et de cognaistre la qualité du pays pour juger du profict que peut faire un cheptelier quand il est bon ménager. C'est le Père de Saint-Germain, de l'Oratoire, qu'on me mande exilé à Angou-

Il paraît que des abus s'étaient réellement glissés dans les contrats de cheptel et que les bailleurs imposaient aux chepteliers des conditions onéreuses qui pouvaient être considérées comme usuraires ; l'auteur de la lettre reproduite en note, bien que favorable aux cheptels pratiqués dans le pays de Lormes, qui est le sien, en fait lui-même l'aveu, mais sans dire en quoi consistaient ces abus : « J'avoue, écrit-il, que plusieurs usent mal de la nôtre (coutume) et en abusent au fait des cheptels et font des injustices aux chepteliers ». Et il ajoute très sagement : « Mais il faut crier contre les abus et non contre la chose dont on abuse ; car vous savez qu'on abuse des meilleures choses ».

Ce sont vraisemblablement ces abus qui inspirèrent à M. de Montlevrain son attitude à l'endroit des cheptels pratiqués sur le territoire de sa paroisse ; seulement, il eut un tort, celui de les englober tous indistinctement dans la même réprobation.

lème, qui a remué cette affaire lorsqu'il a passé à Châtelchinon et à Lorme, et qu'il prétend que les mesmes bestiaux qui ont été donnés à cheptel venant à mourir, le prix qu'ils ont esté estimés doit estre valable sur le fond du cheptel, par cette maxime du droit dont il faict tout son fort : *Res peril domino suo.* *Item* que quand deux bœufs qui ont esté estimés cinquante écus ne sont vendus ensuite que quarante, ces dix écus se doivent diminuer sur le fond du cheptel, parce que *res debet perire domino suo.* Cependant sy le capital du cheptel venait à périr par la faute du preneur et qu'on le certifiast, incontestablement ne serait-il pas condamné à le restituer ? *Ergo res non semper perit domino suo* ». Et un peu plus loin : « Si en donnant nos bestiaux à cheptel tout le péril du capital tombait sur nous, le profit serait trop gros pour le preneur qui serait, dans peu, de moitié avec nous, veu la bonté du pacage et des usages, ce qu'on ne cognaist point à Paris, et ce qui apparemment a faict establir cette coustume que sy le preneur veut bien se rendre tenu pour la moitié des parts du capital, on luy donnera ur cheptel à moitié, autrement non, le preneur l'acceptant et y trouvant du gain, comme il est constant qu'il en trouve ». (Arch. de Saône-et-Loire, même fonds).

Autant que nous parvenons à comprendre l'état de la question, en voulant combattre une injustice, le curé de Lormes et le Père de Saint-Germain en créaient une autre. Il semble, en effet, certain que le *res peril domino suo*, si on le prend dans un sens absolu, n'est pas conforme à l'équité. Ce qui paraît conforme à l'équité, c'est que les pertes, quand il est avéré qu'elles ne sauraient être imputables au preneur, soient supportées par ce dernier et par le bailleur. C'est ce qu'enseigne Guy-Coquille et ce qui, selon lui, était établi par la coutume du Nivernais : « Et doit, dit-il, le preneur telle garde audit bestail que s'il se meurt, péril ou déperit par son dol, faute ou coulpe, le dommage se prend sur luy ; mais si c'estait par fortune ou inconvénient non préveu ou qui se pourrait prévoir, il n'en sera tenu, mais est le péril ou perte commun ». (*Opus cit.*, art. III, p. 433.)

Le rigide curé avait aussi contre lui « les gens de justice » : contrôleurs, collecteurs et autres agents du fisc. Le rôle des premiers était de répartir les tailles suivant les facultés de chacun, « le fort portant le faible », pour employer une expression empruntée à l'une des pièces manuscrites du dossier ; malheureusement il n'en était pas toujours ainsi : trop souvent le pauvre était accablé au profit du riche. Il y avait là une injustice que le curé considérait de son devoir de dénoncer et auquel il s'appliquait, dans la mesure de ses moyens, à porter remède.

Quoi qu'il en soit du caractère de cet ecclésiastique et des principes sur lesquels il s'appuyait, il reste à son honneur — car c'en est un — d'avoir pris parti pour les petits et les faibles contre les grands et les puissants. On s'explique, dès lors, qu'il se soit attiré, comme le dit un document dont nous parlerons bientôt, les « persécutions » de ces derniers.

Nous avons fait entendre la « cloche » des habitants — ou plutôt d'une certaine catégorie d'habitants — de Lormes ; l'équité exige que nous fassions entendre, à l'encontre, celle du curé. Ce nous sera facile, grâce à un mémoire justificatif rédigé, croyons-nous, par un homme de loi qu'il avait choisi pour défenseur. En voici le résumé succinct :

M. de Montlevrain nie que le nombre des personnes qui n'ont pas fait leurs Pâques soit de six cents ; il l'estime à deux cents. Il nie de même que le chiffre moyen des personnes de la paroisse ayant l'âge requis pour communier s'élève à quatorze cents ; il le réduit à mille.

Nous ferons observer que les pétitionnaires et le curé, chacun de leur côté, avaient intérêt, les premiers à grossir les chiffres, le second à les diminuer ; en les fixant, l'un à quatre cents et l'autre à douze cents, on serait, nous semble-t-il, plus près de la vérité. Ce sont justement ceux qu'indiquent les fabriciens dans une supplique adressée, quelques années plus tard, à M. de Roquette, évêque d'Autun.

Le mémoire fait observer que les personnes qui n'ont pas fait leurs Pâques ne doivent s'en prendre qu'à elles seules et que la faute leur est imputable, attendu que, le dimanche de la Passion, le sieur de Montlevrain a annoncé qu'il était disposé à délivrer des billets de permission à ceux des fidèles qui désiraient se confesser dans les paroisses voisines.

En outre, « il est faux qu'il résiste à approuver la communauté des bestiaux qui se fait dans le pays ». S'il a essayé de réformer les abus et les pratiques usuraires qui s'y sont glissés, c'est seulement après avoir reconnu que ces pratiques sont condamnées par la théologie morale et avoir pris l'avis de plusieurs docteurs, notamment du Père de Saint-Germain qui lui a envoyé une consultation dans laquelle il démontre que lesdites pratiques sont contraires aux lois naturelles, divines et ecclésiastiques, et, de plus, à la coutume écrite du pays.

Les explications suivantes terminent le mémoire :

Il faut remarquer que le peuple de cette paroisse, de temps immémorial, a été sans instruction et a vécu dans un grand libertinage, ce qui a été cause qu'il s'est glissé plusieurs mauvaises coutumes que le curé a tâché d'abolir, et plusieurs désordres et pratiques injustes, notamment parmi les gens de justice et les gens de trafic, à quoi le curé voulut remédier suivant l'obligation de sa charge, soit en protestant, soit en refusant les sacrements à ceux qui, se trouvant coupables d'injustice, n'ont pas voulu réparer le tort qu'ils ont fait à leur prochain ; les plus rebelles aux vérités de l'évangile ont excité de temps en temps des séditions contre lui, l'ont interrompu dans ses prônes, lui ont suscité plusieurs procès, ont dressé des procès-verbaux qu'ils ont fait signer à de simples gens sans leur en faire la lecture, à d'autres qu'ils y ont contraints par des menaces, ainsi qu'il paraît par la déclaration faite par Catherine Paillot par devant notaire ; ont fait des informations sans aucune formalité, sans partie requérante, sans aucune assignation, allant de porte en porte pour faire venir déposer ceux qu'ils croyaient avoir reçu quelque mécontentement dudit curé et les interrogeant sur ce que le curé leur avait demandé et dit en confession, ce qui allait à le rendre ridicule et au mépris du sacrement de pénitence, à cause particulièrement des huguenots qui sont en sa paroisse. Enfin, il est avéré que le père Blanchard Pique-Puce, beau-frère du sieur lieutenant Duchas, voulant seconder le désir des mécontents, s'est offert à porter leurs plaintes au roi, leur persuadant qu'avançant ce qu'ils ont avancé dans leur plainte par leur prétendu procès-verbal, sans autre discussion ni recherche de la vérité, ils obtiendraient une lettre de cachet pour s'en défaire et avoir un autre curé (1).

Nous avons tenu à reproduire ce passage, malgré sa longueur, d'abord parce qu'il projette quelque lumière sur la situation, et ensuite parce qu'il aide à expliquer l'opposition soulevée contre le curé de Lormes.

Les griefs énoncés dans la requête adressée au roi et qui se termine par la demande d'envoi, sur les lieux, de commissaires enquêteurs, sont les mêmes que ceux rapportés plus haut. Quant au but visé par les requérants, était-ce bien, comme le dit le mémoire justificatif, l'obtention d'une lettre de cachet reléguant le curé de Montlevrain dans quelque ville du royaume et l'éloignant ainsi de sa paroisse ? Il ne semble pas qu'ils aient nourri d'aussi noirs desseins ; en tout cas, cette satisfaction, s'il est vrai qu'ils l'escomptèrent, leur fut refusée. Ils n'obtinrent même pas celle qu'ils sollicitaient, à savoir, l'envoi de commissaires ; la requête fut retournée purement et simplement à l'évêque d'Autun auquel on jugea que l'affaire devait être référée comme étant exclusivement de son ressort (2).

Au même dossier, figure une supplique, non datée, adressée à l'évêque d'Autun, des « fabriciens de l'église de Lormes, pour et au nom des habitans ». Les fabriciens représentent au prélat qu'après être resté assez longtemps sans vicaire, le sieur de Montlevrain, leur curé, s'était enfin décidé à en prendre un dans la personne du sieur de Lisle, mais que ce vicaire n'étant pas approuvé pour entendre les confessions, le sieur de Montlevrain ne pouvait suffire à recevoir les aveux des pénitents qui se présentaient à son confessionnal les jours de fêtes solennelles. Ils expliquent que « l'ayant requis

---

(1) *Mémoire* (manuscrit) *pour le curé de Lormes* (sans date, mais sûrement de l'année 1679). (Arch. départ. de Saône-et-Loire, série G.)

(2) *Plainte adressée au roi par les habitans de Lorme, diocèse d'Autun, contre leur curé* (1679). (*Ibid.*)

La requête fut soumise à M. de Montlevrain qui y souscrivit de bon cœur ; comme en fait foi l'apostille suivante qu'il y ajouta de sa main : « La présente requête m'ayant été communiquée, je reconnais la vérité de son exposé, afin que Sa Grandeur ou Monsieur son grand vicaire ordonne, sur la demande des suppliants, ce que de raison ».

do leur fournir un prêtre approuvé pour entendre les confessions, ou du moins de faire venir des capucins de Corbigny auxdites fêtes solennelles, il leur aurait dit que connaissant, depuis qu'il est leur curé, que les âmes les plus cautérisées *(sic)* et les plus embarrassées allaient vers les vicaires qui, étant jeunes et peu expérimentés, n'étaient point capables de diriger les peuples des villes, et lorsqu'il a fait venir des capucins, il n'a vu aucun fruit de leur conduite, soit que les pénitents qui vont à eux, formant leur conscience comme il leur plaît sur quelque cas public dans lequel ils croient ne faire aucune injustice, et, par conséquent n'étant obligés à aucunes restitutions, ils ne s'en accusent pas, soit pour d'autres raisons que ledit curé veut taire, cette connaissance qu'il avait de la continuation des désordres de sa paroisse, qui viennent en partie de ces deux sources, et le désir de ne se point rendre, par son vicaire, responsable des fautes d'autrui, l'obligent de ne vouloir prendre ni vicaire ni capucins pour l'assister, et qu'ils eussent à se pourvoir par devant Sa Grandeur ou Monsieur son grand vicaire, comme ils aviseraient bon être ».

Les deux fabriciens, Dumas et Joly, terminent leur supplique en demandant à l'évêque de « leur permettre de faire venir, de leur chef, des confesseurs séculiers ou réguliers aux frais dudit sieur curé, toutes fois et quantes qu'ils en auront besoin, notamment les fêtes solennelles de Notre-Seigneur et de Notre-Dame, et même au temps de la mort ».

Il paraît qu'au mois d'août 1689, en considération des dissentiments qui existaient entre ses paroissiens et lui, le curé, Jean de Montlevrain, avait manifesté publiquement l'intention de démissionner. C'est du moins ce que nous apprend une autre requête ou supplique, datée du 5 septembre de la susdite année et adressée également à l'évêque d'Autun. Elle débute ainsi :

Supplient humblement les magistrats et habitants de la ville et paroisse de Lormes, disant que depuis vingt-deux ans ou environ que M. Jean de Montlevrain est curé dudit Lormes, il a tellement négligé sa paroisse qu'une partie de ce temps s'est passée sans qu'il y ait eu aucun vicaire, notamment les dix-huit derniers mois, ce qui fait que cette paroisse est dans un état très déplorable, ne s'y disant qu'une messe les jours de fêtes et dimanches, [ce] qui n'est suffisant pour satisfaire aux dévotions de tous les paroissiens dont le nombre est très grand et qui, par ce moyen, sont privés de leurs saintes dévotions et négligent leur salut, ledit sieur de Montlevrain n'étant suffisant pour seul instruire si grande quantité de peuples auxquels il a même été jusqu'à présent fort opposé et dont les suppliants auraient donné plusieurs plaintes à Votre Grandeur.

Les « magistrats et habitans » ajoutent que, depuis quelque temps, « par l'opération du Saint-Esprit », M. de Montlevrain a reconnu avoir, jusqu'ici, opéré peu de fruits dans la paroisse ; qu'en conséquence, il lui arriva plusieurs fois de conseiller à ses paroissiens, « pour le salut de leurs consciences et de la sienne », de se pourvoir auprès de Monseigneur l'évêque pour en obtenir un autre curé, que même il en délivra aux échevins l'attestation écrite et signée de sa main. C'est là, disent-ils, ce qui les a déterminés à entreprendre la démarche qu'ils font en ce moment et qui a pour but de supplier le prélat de nommer un curé à la place du sieur de Montlevrain, auquel il pourra accorder, à titre de dédommagement, une chapellenie de deux cents livres de revenu ou quelque autre bénéfice équivalent. Les suppliants lui seraient particulièrement reconnaissants — et c'est par là qu'ils terminent leur requête — s'il daignait, en outre, leur donner pour curé un prêtre fort recommandable et de grand talent qu'ils connaissent, et qui ne manquerait pas de faire beaucoup de bien à Lormes, le docteur de Barrault, curé de Cervon.

Ce qui est dit dans la supplique relativement à la démission du sieur de Montlevrain était exact. En effet, dix jours après (16 septembre), il écrit lui-même, en ces termes, à son évêque : « Votre Grandeur sait qu'il y a longtemps que je désire ce dont messieurs de Lormes vont La supplier, je veux dire ma sortie. Jusques ici la divine Providence n'a pas fourni les moyens justes et raisonnables avec lesquels je l'ai tant désiré. Il semble qu'elle les présente maintenant par la voie de Madame de Rambourg qui a promis de me faire donner ce que je demande. Il ne tient plus qu'à Votre Grandeur à y contribuer de votre part en accordant les fins de la requête qui lui est présentée et, par ce moyen, de donner le calme à ma paroisse et à moi le repos d'esprit que je cherche. C'est ce que j'espère, en mon particulier, de votre bonté et charité paternelles ».

Il faut croire que la combinaison projetée n'aboutit pas, car nous constatons qu'en 1700, c'est-à-dire onze ans plus tard, M. de Montlevrain est encore curé de Lormes. D'où l'on peut inférer que ses paroissiens durent le subir jusqu'à sa mort et que c'est alors seulement qu'ils en furent délivrés (1).

Nous nous sommes étendu sur cet épisode un peu plus longuement qu'il n'aurait convenu, afin de montrer, par un exemple, les résultats auxquels, avec leur sévérité outrée, aboutissaient, dans une paroisse, les curés jansénistes.

(1) On aurait pu appliquer à M. de Montlevrain l'épitaphe qu'à la mort d'un curé de Clamecy, son contemporain, aussi entêté que lui et qui ne cessa, comme lui, d'être en désaccord avec ses paroissiens, un mauvais plaisant imagina de composer :

> Ci-gît ce bon curé Chamrille,
> Qui tant qu'il vécut ici-bas,
> A tout chacun chercha bataille
> Et ne fit que bruit et désordre sur ses pas.
>
> Que Dieu, dont la bonté profonde
> Accorde son pardon à tous,
> Daigne lui faire en l'autre monde
> Un repos qu'il ne sut que troubler parmi nous.

(A. SONNIÉ-MORET, *Éphémérides clamecycoises* (1872), p. 211).

(2) Il s'appelait Gérald Béronye ; il mourut en 1732.

TROISIÈME PARTIE

Le Jansénisme dans la circonscription Auxerroise

I. — Quelques observations préliminaires

En traitant du jansénisme dans l'ancien diocèse de Nevers, nous avons vu quelle influence — assez souvent prépondérante, parfois décroissante, mais toujours réelle — il y exerça. Cette influence n'est rien pourtant à côté de celle dont il a joui dans le diocèse limitrophe d'Auxerre. Là, il règne en maître ; il est comme chez lui, grâce à l'évêque Charles de Caylus, qui s'en est constitué l'ardent et zélé protagoniste, grâce aussi au long épiscopat de ce prélat, qui occupa le siège d'Auxerre pendant un demi-siècle, de 1705 à 1754. Il en résulta que plusieurs générations sacerdotales furent élevées dans les principes jansénistes, et il arriva un moment où, à part quelques-uns pourvus de cures autres que celles qui étaient à la collation de l'Ordinaire — cas, il est vrai, assez fréquent à cette époque — tous les prêtres du diocèse se trouvèrent en communion d'idées avec leur évêque.

Qu'on ne croie pas, pour cela, que ce prélat ne fut point attaché aux devoirs de sa charge pastorale ; il le fut autant qu'aucun de ses collègues dans l'épiscopat. La gloire de Dieu et le salut des âmes inspiraient uniquement sa conduite ; sa vie était des plus austères. Dans son parti, on le regardait comme un saint, et, de fait, il en pratiquait les vertus ; seul, son jansénisme projette une ombre grave sur sa vie. Après sa mort, ses admirateurs — et ils étaient nombreux — ne parlent jamais de lui sans dire : « M. de Caylus, d'heureuse mémoire », ou : « ce grand évêque » (1).

Au demeurant, les jansénistes étaient, pour la plupart, de saintes gens. Beaucoup de nos contemporains — principalement parmi les membres du clergé nivernais — ont connu M. l'abbé Chauveau, mort, il y a quelque vingt ans, curé de Dornecy, proche Clamecy. Cet ecclésiastique, certes, était sévère pour les autres, mais il ne l'était pas moins pour lui-même. Il poussait la simplicité dans le vêtement à un degré qu'on peut bien trouver excessif. Ainsi, quoique décédé à un âge avancé, il n'eut jamais qu'une douillette, et encore n'était-elle autre que la robe de chambre du père des trois Dupin, chez lequel il avait été élevé et qui avait pourvu aux frais de son éducation cléricale. Cette douillette, couleur marron, le bon curé la conservait comme une relique et, pour tout au monde, il n'aurait consenti à l'échanger pour une neuve ; aussi, dans les derniers temps, était-elle constellée de pièces rapportées et toutes plus disparates les unes que les autres, ce qui l'avait rendue légendaire dans la région (2).

Dieu sait cependant s'il y avait chez M. Chauveau du janséniste ! Ceux de ses paroissiens qui tenaient à faire leurs Pâques — inutile de dire que c'était le petit nombre —

(1) Peut-être n'est-il pas inutile de signaler ici, en passant, les principes que M. de Caylus professait sur une question toute d'actualité, la sainte communion. Nous les trouvons exposés dans le Rituel à l'usage du diocèse d'Auxerre édité par lui en l'année 1730. Voici, par exemple, au sujet des conditions requises pour être admis à communier, les conseils qui y sont donnés aux curés :

« Le curé exhortera sans cesse ses paroissiens à s'approcher avec piété et plusieurs fois par an de ce divin sacrement (l'Eucharistie), au moins pour les fêtes de Pâques, de la Pentecôte et de Noël, d'après la pratique des anciens Pères. (*Pars* I*, p. 34).

« Plusieurs fois » — trois ou quatre — par an. Ce n'est pas là précisément la communion fréquente.

Voilà pour les grandes personnes. La conduite à tenir à l'égard des enfants est ainsi tracée :

« On ne devra pas admettre à la communion les enfants qui, en raison de la faiblesse de leur âge, ne peuvent pas encore avoir une intelligence suffisante de ce divin sacrement, comme cela arrive ordinairement pour ceux qui n'ont pas atteint l'âge de onze ans ». (p. 35). (*Liber Ritualis autissiodorensis* DD. *Caroli de Caylus autoritate editus.* — In-4° 1730 (sans indication de lieu d'impression).

(2) Les vicaires de Clamecy, en particulier, *flens dico*, s'en gaudissaient ; leur âge les rendait excusables.

étaient obligés, s'ils ne voulaient pas s'exposer à se voir
ajournés, de recourir, pour le ministère de la confession, à
des prêtres de paroisses voisines. Par crainte des récrimina-
tions de ses paroissiens et d'un blâme de son évêque, M.
Chauveau n'osait se dispenser de faire, chaque année, une
première communion solennelle ; mais il avait soin de retar-
der le plus possible cette cérémonie, la fixant aux mois
d'octobre ou de novembre, au lieu des mois de mai ou de
juin, époque où elle a lieu partout ailleurs, conformément
aux statuts diocésains. De plus, si tous les enfants qui sui-
vaient les catéchismes préparatoires à la première communion étaient appelés à ce grand acte, il s'en fallait que tous
y fussent admis : en bon janséniste qu'il était, M. Chauveau
ne manquait jamais de prononcer un certain nombre d'ex-
clusions ; de cette façon, le grand principe de la secte se
trouvait sauvegardé : beaucoup d'appelés, peu d'élus.

Pour le même M. Chauveau, il n'y avait qu'une Eglise, et
ce n'était point l'Eglise catholique, apostolique et romaine —
que d'ailleurs il révérait — ni même l'Eglise diocésaine de
Nevers, mais bien « la Sainte Eglise d'Auxerre », ainsi qu'il
l'appelait. La Sainte Eglise d'Auxerre ! Oh ! comme il en
parlait avec onction et admiration ! Comme il se plaisait,
évoquant ses souvenirs, à vanter la pompe des cérémonies
célébrées selon le rite auxerrois, dont il avait été témoin et
auxquelles il avait pris part aux jours lointains de son
enfance et de son adolescence, dans cette antique église
collégiale de Saint-Martin de Clamecy, œuvre des siècles de
foi, qu'il aimait tant ! Nous ne serions pas éloigné de croire
qu'il ait continué, jusqu'à sa mort, à se servir du bréviaire
parisien, en usage dans le diocèse avant l'adoption du bréviaire romain. C'était le *laudator temporis acti* d'Horace.
Rien du présent ne le charmait ; il vivait dans le passé, mais
dans un passé qui ne remontait pas très loin. Toutes les
dérogations apportées, de nos jours, par l'Eglise aux lois
anciennes, toutes les concessions accordées par elle à la
mollesse de nos contemporains — et dont, pour sa part, il
se garda bien d'user — l'affligeaient profondément ; il en
était navré et presque scandalisé. « Oh ! mais alors, disait-
il — c'était son mot — oh ! mais alors où allons-nous ! » Il
y a quelques années, a paru un ouvrage intitulé : *Les der-*

niers jansénistes (1) ; on peut dire que, dans le diocèse de Nevers, M. Chauveau fut le dernier.

Mais, demandera-t-on peut-être, comment expliquer l'obstination de ceux que vous prétendez avoir été de saintes gens ? Le pape ayant parlé, ne devaient-il pas obéir ? Pour comprendre leur conduite — nous ne disons pas pour la justifier — il convient de se reporter à l'époque où ils vivaient. La question nous semble, à nous, des plus simples : Rome a parlé, la cause est finie ; les catholiques n'ont qu'à s'incliner, ce que, de nos jours, nous les voyons faire avec empressement : *Roma locuta est, causa finita est.* Au xviii° siècle, par suite de l'éducation du clergé, élevé en grande partie dans les idées gallicanes, il n'en allait pas ainsi. Rome avait parlé sans doute ; mais Rome, au jugement de ces gallicans, pouvait se tromper, le pape n'étant pas infaillible. Et les jansénistes « appelants » étaient convaincus que, de fait, Rome se trompait. De là leur obstination. Il faut joindre à cela qu'aux yeux de tout bon gallican, chaque évêque était pape dans son diocèse.

Après cette digression, d'ailleurs nullement étrangère à notre sujet, revenons au diocèse d'Auxerre et à M. de Caylus. Ce prélat était un rude tenant du parti. On le savait au loin ; aussi beaucoup d'ecclésiastiques appartenant à des diocèses où le jansénisme était persécuté venaient chercher asile et protection dans celui d'Auxerre que, pour ce motif, les adversaires de la secte avaient surnommé malignement le « refuge des pécheurs ».

Certaines paroisses de ce diocèse eussent mérité, elles aussi, qu'on leur appliquât la même appellation : telle, la paroisse de Myennes qui, pour sa part, eut successivement trois curés proscrits d'autres diocèses, un du diocèse de Sens et deux du diocèse de Lyon. L'un d'eux, Jean-Baptiste Dufour, consigne lui-même au registre de catholicité de la paroisse que, prêtre d'un diocèse qu'il s'abstient de nommer, mais qu'il dit être « limitrophe » de celui d'Auxerre — Sens, vraisemblablement, lequel avait à sa tête M. Languet, le pourfendeur du jansénisme — Il a été, « par la miséricorde

de Dieu, exilé comme ses deux prédécesseurs (1), et pour la
même opposition d'esprit, de cœur et de bouche à la
même pièce scandaleuse dans l'Église de Dieu » (la Bulle
Unigenitus) (2).

Ces révoltés, nous en avons ici la preuve, osaient encore,
dans leur aveuglement, se poser en victimes, voire en
martyrs.

II. — Les « Appelants » dans cette partie du diocèse

A l'époque de l'apparition de la Bulle *Unigenitus*, M. de
Caylus, comme on l'a vu (3), donna, le premier — et l'on sait
avec quel zèle et quel éclat — l'exemple de l'opposition. Dès
lors, on devine sans peine que les « appelants » durent être
très nombreux dans le diocèse d'Auxerre. Pour la partie qui
nous occupe, nous ne nous sommes pas appliqué à en faire
le relevé complet, ce qui d'ailleurs eût été difficile ; nous en
avons néanmoins recueilli un bon nombre. Nous avons trouvé
leurs noms dans différents actes d'appel dont les originaux
de deux d'entre eux sont conservés aux archives départe-
mentales de l'Yonne (4).

Le premier en date de ces actes d'appel est celui du curé
de Neuvy-sur-Loire, Robin ; il est du 7 avril 1717 (5). Le
second est du 8 juillet ; il fut fait à Entrains. Les signataires
en étaient : Denis, curé d'Entrains (ville) ; Roussel, curé de
Saint-Cyr-les-Entrains ; Le Maigre, vicaire d'Entrains ; de

(1) Ces deux prédécesseurs étaient : Lemaître, curé de Myennes de 1733 à
1736, et Louis Dufour, curé de 1736 à 1742. L'un et l'autre appartenaient au
diocèse de Lyon, le premier était un ancien religieux.

(2) Registre paroissial de Myennes (arch. de la fabrique). — De 1733 jusqu'à
la Révolution, cette paroisse compta cinq curés. Les quatre premiers étaient
des jansénistes déclarés ; le cinquième versa dans le schisme constitutionnel,
et, au moment de la Terreur, contracta, avec une ancienne religieuse, une
union doublement sacrilège.

(3) Voir p. 7.

(4) Arch. de l'Yonne, G, 1853, fol. 202-203. — A titre de curiosité, nous
reproduisons ces deux documents aux Pièces justificatives. V. Pièces III et IV.

(5) *Recueil des Actes d'Appel*, etc., t. II p. 637. — Bibl. nat., Ld⁴ 155.

La Maison, curé de Sainpuits (actuellement du diocèse de
Sens) ; Denis, curé de Bitry ; Pougny, curé de La Chapelle-
Saint-André ; Chapotot, curé de Saint-Pierre de la Charité,
et Thibault, curé de Saint-Jacques de la même ville (1).

Un troisième acte, rédigé à Varzy, le 5 août de la même
année, nous permet d'enregistrer trois nouveaux appelants ;
ce sont : Moreau, curé de Varzy, bachelier en théologie ;
Guyot, bachelier en Sorbonne, curé de Breugnon, et Picq,
curé de Saint-Malo (2).

Un autre acte d'appel, celui du chapitre de Clamecy, nous
livre les noms suivants : Carré, chantre curé ; Moro, Rameau,
Maynardy, Faulquier, Millelot, chanoines, et Le Seurre, curé
d'Ouagne (3).

En se joignant, dans la circonstance, aux membres du
chapitre de Saint-Martin de Clamecy, ce dernier ne faisait,
en somme, que récidiver : c'était un réappelant. En effet, le
16 avril précédent, par lettre particulière adressée à son
évêque, M. de Caylus, il avait déjà adhéré à l'appel interjeté
par les quatre prélats que nous connaissons. Cette lettre
nous révèle un curieux état d'esprit ; c'est à ce titre que nous
la reproduisons :

Quoique je n'ai jamais accepté ni publié la Constitution
Unigenitus, écrit-il, et que je me suis plusieurs fois déclaré
contre cette pièce que j'ai regardée comme le renversement de
toute la religion, cependant je tremble quand je pense aux
paroles du Seigneur : *Qui me erubuerit coram hominibus, et hunc
Filius hominis erubescet*, ayant caché et dissimulé la conduite
que j'avais tenue à l'égard de la Constitution en deux ou trois
occasions, rougissant d'avouer et de dire que je ne l'avais pas
reçue ni publiée.

Pour réparer donc cette malheureuse lâcheté et rendre à la
vertu le témoignage que je lui dois, Votre Grandeur, Monseigneur, me permettra de me joindre aux grands évêques qui ont
appelé de la Constitution *Unigenitus* au futur concile général, à
la Sorbonne, aux curés, ecclésiastiques et religieux qui ont fait
la même chose, et en particulier aux vénérables chanoines de
l'église cathédrale d'Auxerre et aux curés de la ville qui ont

(1) Arch. de l'Yonne, G, 1851, f° 203. Cf. aussi *Recueil*, etc., *loc. cit.*
(2) *Recueil des Actes d'Appel*, t. II, p. 636.
(3) Arch. de l'Yonne, G, 1833, f° 202.

formé ledit appel... Au reste, je proteste que je veux, moyennant la grâce de Jésus-Christ, vivre et mourir dans le sein de l'Eglise catholique, apostolique et romaine, ma mère, que je révérerai toujours Notre Saint Père le pape comme le chef visible de cette Eglise, et que je rendrai toujours à Votre Grandeur le respect et l'obéissance que je lui ai promis dans mon ordination (1)

Les ordres religieux — du moins pour la partie auxerroise devenue nivernaise — fournissent peu ou point d'appelants. En voici, selon nous, l'explication : l'ordre alors le plus répandu en France et qui comptait le plus grand nombre de monastères était celui de Cluny ; or, en 1714, la Constitution *Unigenitus* avait été acceptée dans le chapitre général tenu à l'abbaye de Cluny, au nom de l'ordre tout entier. C'est sans nul doute pour ce motif que nous ne voyons aucun des religieux des prieurés clunisiens de La Charité et de Saint-Etienne de Nevers figurer parmi les appelants. On ne rencontre de ces derniers que dans un seul ordre, celui des chartreux et dans un seul des deux monastères de cet ordre situés dans les limites de la conscription diocésaine qui nous occupe, celui de Basseville, près Clamecy, sur la paroisse de Pousseaux, le moins important de la province, et encore ne s'y en trouva-t-il tout d'abord qu'un seul. Il s'appelait Nicolas Ledoux. L'acte d'appel signé par lui porte la date du 24 mars 1719; dom Ledoux était alors à la chartreuse de Bourgfontaine, au diocèse de Soissons. C'est à la suite de cette démarche qu'il fut transféré à la résidence de Basseville, avec défense de dire la messe, ayant seulement la permission de communier et de remplir l'office de diacre.

En 1723, lorsque le supérieur général de l'ordre publia le décret *Quo zelo* proscrivant l'acceptation de la Bulle, ce même religieux et deux autres de ses confrères, dom Guillaume Rabon, sacristain, et dom Paulin Rogeré, se déclarèrent opposants (2). Mais se déclarer opposant au décret *Quo zelo*, c'était implicitement se déclarer appelant de la Bulle *Unigenitus*. D'où l'on est autorisé à dire que la chartreuse de Basseville compta trois appelants.

(1) *Recueil des Actes d'Appel*, etc., t. II, p. 637.
(2) *Op. cit.*, t. III, p. 508. En 1726, dom Ledoux et dom Rabon se retirèrent en Hollande.

Une manifestation du même genre, mais différente dans son objet, eut lieu quelques années plus tard. Nous voulons parler de la démarche faite en 1728 par le clergé du diocèse d'Auxerre, à l'occasion de la sentence portée par le concile provincial d'Embrun contre le janséniste Soanen, évêque de Senez.

Au mois d'octobre 1727, les évêques de la province d'Embrun se réunirent sous la présidence du métropolitain, Pierre de Tencin, plus tard cardinal, et condamnèrent le suffragant Soanen à être déposé. Le 28 du même mois, pendant que s'instruisait le procès de leur collègue, douze évêques, au nombre desquels était celui d'Auxerre, adressèrent au roi un mémoire dans lequel ils s'appliquaient à démontrer la nullité de l'assemblée et demandaient qu'il fût permis au suffragant incriminé de poursuivre sa cause selon les règles ordinaires de la justice. Un peu plus tard, le 14 mai 1728, quand le jugement fut rendu, ils écrivirent de nouveau à Louis XV pour s'en plaindre et lui faire des remontrances. Dans tout le camp janséniste se produisit un mouvement général de protestation. Chanoines, curés, docteurs et ecclésiastiques séculiers et réguliers apportèrent leurs *Témoignages au sujet du jugement rendu à Embrun contre M. l'évêque de Senez*.

Parmi ces « témoignages », nous relevons, pour l'ancien diocèse de Nevers, ceux de deux intraitables jansénistes, Joseph Rabuteau, curé de Saint-Victor de Nevers, et François Vincent, curé de Saint-Étienne de la même ville (1). La partie autunoise ne fournit pas d'autre « témoignage » que celui de dom N. Moreau, qui signe « ancien prieur de Corbigny (2) ».

Le clergé du diocèse d'Auxerre manifesta au moyen d'une lettre collective adressée à son évêque, M. de Caylus, pour le féliciter de son attitude, lui exprimer la « joie » et la « reconnaissance » qu'il en éprouvait et déclarer qu'il était avec lui en communauté de sentiments. « L'amour et le zèle que nous vous connaissons pour la vérité et la justice, disent les signataires, nous répondaient par avance de ce que vous

(1) *Recueil général des Actes d'Appel*, t. I, p. 66.
(2) *Idem opus*, t. I, p. 71.

feriez pour un confrère que la pureté de sa foi, l'innocence de ses mœurs, une vie toute apostolique semblaient devoir mettre à couvert de l'injuste traitement qu'il vient de recevoir, mais dont toute la honte retombe sur ceux qui en sont les auteurs ». Ils ajoutent que, dans les douze évêques protestataires, on trouve « non seulement le nombre des apôtres, mais encore ce qu'il y a dans l'Eglise de France de plus grave dans les mœurs, de plus profond et de plus éclairé dans la science, de plus attentif dans le gouvernement, de plus zélé et de plus irréprochable dans la doctrine (1) ». C'était dire équivalemment que si les douze n'avaient pas pour eux la quantité, ils avaient, en revanche, la qualité. Le compliment, comme on voit, n'était rien moins que flatteur pour les autres.

Par contre, nous devons signaler les « Remontrances de quelques curés » à Mgr de Caylus, au sujet de la doctrine contenue dans le catéchisme que ce prélat publia pour son diocèse en 1735. Ces « quelques curés » étaient au nombre de six ; parmi eux, nous relevons les noms du curé de Quincy-les-Varzy, Germon, et celui de Saint-Verain, Brière (2). Leurs observations ou « remontrances » étaient pleinement justifiées. Il serait trop long de les citer toutes ; nous n'en retiendrons qu'une, celle qui concerne la définition de l'Eglise donnée par le nouveau catéchisme. A cette question : qu'est-ce que l'Eglise, il était répondu : « C'est l'assem-

---

(1) *Lettre des chanoines, curés et ecclésiastiques séculiers et réguliers de la ville et du diocèse d'Auxerre à M. de Caylus, leur évêque, pour s'unir à ce prélat dans le témoignage qu'il a rendu contre le jugement de l'assemblée d'Embrun*, dans : *Recueil général des Actes d'Appel*, t. I, p. 61.

Au nombre des signataires appartenant à la partie du diocèse devenue nivernaise figurent les membres du chapitre de Clamecy : Moreau, trésorier ; Renard, chantre ; Moupeau, Champion et Herman ; trois membres de celui de Varzy : Oury, chantre et curé ; Gaydon et Thierrat. Puis viennent : Blondeau, curé de Brèves ; Chardon, curé de La Celle-sur-Loire ; Challand, curé de Bitry ; les deux frères Denis, l'un, curé d'Entrains-Ville, et l'autre, curé de Saint-Père ou Saint-Pierre de la Charité ; Gasneau, curé de Saint-Agnan de Cosne ; Harox, curé de Saint-Andelain ; Delisle, ancien curé de Donzy ; de Mulot, curé de Châteauneuf ; Rouget, curé de Donzy ; Roussel, curé de Saint-Cyr-les-Entrains ; Thibault, curé de Saint-Jacques de la Charité ; Thomas, curé de Breugnon, et de La Garde, vicaire de Varzy.

(2) *Très humbles remontrances de quelques curés du diocèse d'Auxerre à Mgr l'évêque d'Auxerre, au sujet de la doctrine du catéchisme qu'il vient de donner dans son diocèse*. In-4° de 4 pp. (S. L.), ce 24 mai 1735. (Bibl. mple de Sens, Collection Languet, t. XLII, pièce 48).

7

blée des fidèles qui, sous la conduite des pasteurs légitimes, ne font qu'un seul corps dont Jésus-Christ est le chef ». Or, les curés font ressortir excellemment et à bon droit l'insuffisance d'une telle définition : « Dans la définition d'un corps visible et parfait tel que l'Eglise, observent-ils, ne faire aucune mention de son chef visible et n'y suppléer en aucun autre endroit, c'est omettre un point essentiel et un caractère qui la distingue de toutes les sociétés schismatiques et hérétiques ». L'observation était d'une rigoureuse exactitude.

III. — Les « Nouvelles Ecclésiastiques » et la « Cabale de Treigny ».

Au cours de cette étude, nous avons dû citer plus d'une fois les *Nouvelles Ecclésiastiques*, le grand organe de la secte, mais sans nous étendre sur cette feuille autrement que pour en signaler l'esprit et les tendances. Une lettre écrite de Cosne à la date du 2 décembre 1735, et dont il sera question plus loin, nous oblige, pour l'intelligence des faits qui y sont relatés, à en raconter brièvement les origines.

La feuille prit naissance à Paris ; elle commença à paraître dans les premiers mois de l'année 1728 ; mais presque aussitôt l'imprimeur fut arrêté et jeté à la Bastille. Alors, pour dépister la police, on l'imprima de tous côtés. « Les *Nouvelles*, dit l'auteur des *Derniers Jansénistes*, s'imprimaient d'abord partout, tantôt ici, tantôt là, aujourd'hui dans une ville, demain dans le dernier des villages et jusqu'au fond des bois (1) ».

A ces précautions s'en joignaient d'autres ; on procédait si habilement que les gens de police y perdaient leur latin. Barbier écrit, à ce sujet, dans son *Journal*, au mois de novembre 1731 : « Il n'est pas possible de découvrir l'auteur des *Nouvelles ecclésiastiques* ; cela fait tant de cascades entre les mains de plusieurs personnes, d'ailleurs toutes d'honnêtes gens, que cet auteur n'est jamais connu de ceux qui peuvent

(1) Léon Séché, *Les derniers jansénistes*, 3 vol. in-8° (1891), t. I, p. 77.

être arrêtés ». En effet, on n'arrêtait d'ordinaire que des comparses ou des employés subalternes.

Vers l'époque où Barbier faisait cette remarque, les *Nouvelles* s'imprimaient dans un vieux château voisin d'Auxerre ; mais la police en ayant eu vent, pour échapper à ses poursuites, on transporta les presses au milieu des forêts de la Puisaye, sur la paroisse de Treigny (1), selon les uns, sur celle de Ronchères (2), selon d'autres, non loin de Saint-Fargeau et de Saint-Amand, et on les installa dans une loge de charbonnier (3). De là, pendant un an, s'envola cette feuille qui menait contre le ministère et contre la Bulle *Unigenitus* une rude campagne.

Parallèlement à celle-ci, la même feuille en menait une autre, mais en sens contraire, en faveur des Convulsions qui s'étaient produites, quelque temps auparavant, sur la tombe du diacre Pâris et auxquelles, le 27 janvier 1732, le cardinal de Fleury avait mis fin en interdisant l'entrée du cimetière de Saint-Médard où elles avaient lieu (4).

La police se livra, dans tout le diocèse d'Auxerre, et en particulier dans la région de Treigny et de Ronchères, à des recherches qui n'aboutirent à aucun résultat. On raconte, à ce sujet, l'anecdote suivante qui n'est pas dépourvue de piquant : le lieutenant de police, venu tout exprès de Paris, s'était transporté en personne dans les deux paroisses sus-nommées qu'on lui avait signalées comme suspectes et y avait perquisitionné soigneusement, mais inutilement. Il s'en revenait harassé et dépité, quand, ayant été obligé, en cours de route, de descendre un instant de sa voiture, il y trouva, en y remontant, tout un paquet de la séditieuse gazette sortant des presses et dont les pages étaient encore humides.

(1) Canton de Saint-Sauveur-en-Puisaye.
(2) Canton de Saint-Fargeau.
(3) LEBEUF, *Histoire civile et ecclésiastique d'Auxerre*, publiée par Challe et Quantin (1851), t. II, p. 330, note.
(4) Un plaisant, ami de la secte, écrivit sur la porte ce spirituel distique :

De par le roi, défense à Dieu
De faire miracle en ce lieu.

« Les convulsionnaires ne disparurent pas. Ils continuèrent leurs exercices à huis clos, dans des maisons connues où se rassemblaient les chefs de la secte, les patientes et les amateurs de ces lugubres spectacles. » (DEBIDOUR DU DEZERT, *L'Eglise et l'Etat en France*, t. I, p. 187).

C'était de la hardiesse, mais aussi de la témérité, de narguer
à ce point le chef de la police. Cette bravade perdit, non pas
l'auteur de la publication qui ne put être saisi, mais ceux qui
l'aidaient ou lui donnaient asile. Grâce à des agents secrets,
qui le renseignèrent, le magistrat parvint à découvrir la
cachette. Comme les deux curés de Treigny, Terrasson, et de
Ronchères, Fleury, étaient « appelants » l'un et l'autre, et que
c'est sur le territoire de leurs paroisses que l'imprimerie avait
été successivement installée, on les accusa de complicité. Il
y a tout lieu de supposer qu'ils prêtaient leur concours à
l'œuvre et en étaient les principaux soutiens. Ils furent arrêtés
et internés dans les prisons de Vincennes (1).

L'établissement d'une presse et la publication d'un journal
supposaient, tant pour l'impression que pour la diffusion et
la propagande, surtout avec des moyens de communication
aussi défectueux que ceux dont on disposait à cette époque et
les précautions dont il fallait s'entourer, une certaine organisation et requéraient, par suite, tout un personnel. De vrai,
ce personnel existait. La publication de la feuille janséniste
était considérée par les membres du parti comme une bonne
œuvre et plusieurs s'étaient dévoués à elle et lui apportaient
un concours absolument désintéressé. Après la saisie dont il
vient d'être parlé, ce personnel se dispersa.

S'il faut en croire une lettre ou plutôt un Rapport écrit de
Cosne le 2 décembre 1735, c'est dans cette ville, le centre le
plus important de la région, que la plupart de ceux qui en
faisaient partie allèrent se réfugier. Ce Rapport, dont l'original
fait partie des manuscrits conservés à la bibliothèque de
l'Arsenal, est adressé à un sieur Dubut, « conseiller du roy et
lieutenant de la prévosté générale des monnoyes, à Paris »,
— en réalité, lieutenant de police — le même qui, l'année
précédente, avait perquisitionné — on sait avec quel succès
— à Treigny et à Ronchères. Il contient sur le zèle, le prosé-

---

(1) Au bout de neuf ans, en 1743, l'abbé Terrasson se démit de sa cure,
renonça à l'appel qu'il avait souscrit et recouvra sa liberté. L'abbé Fleury,
son compagnon de captivité, fut plus obstiné : plutôt que d'acheter à ce prix
sa liberté, il préféra rester en prison. Il n'en sortit qu'en 1758, c'est-à-dire au
bout de vingt-quatre ans. (Lebeuf, *Op. cit.*, t. II, p. 331).

lytisme qui s'exerçaient au sein de la secte des détails qu'on chercherait vainement ailleurs (1).

L'auteur explique qu'avant la destruction de ce qu'il appelle « la Cabale de Treigny » la ville de Cosne avait été assez à l'abri des querelles religieuses qui troublaient le royaume, mais que la division commençait à s'y introduire depuis l'invasion des restes de cette Cabale. Il fait l'éloge du curé de la paroisse Saint-Jacques, Baltazar Bailly (2), un enfant du pays, qui n'est « ni janséniste, ni moliniste », s'est toujours tenu éloigné des « nouveautés » et jouit de l'estime de ses paroissiens. Tout autre est son confrère de Saint-Agnan, Georges Ganeau, fils d'un chapelier d'Auxerre (3). Celui-ci « est un cabaliste du parti janséniste, un entêté et un brouillon haï de toute la ville ». Il s'inspire des « principes de Treigny », au point que la plupart des jeunes gens de sa paroisse, âgés de vingt à vingt-cinq ans, n'ont pas encore fait leur première communion.

C'est chez lui que se réunissent les restes de la Cabale ; son presbytère est devenu le siège de leurs assemblées clandestines ; bref, « c'est un second Père Terrasson ». D'autres ecclésiastiques partageaient ses doctrines et fréquentaient les conciliabules jansénistes, qu'ils présidaient à l'occasion ; l'auteur ne manque pas de les dénoncer. C'est d'abord un jeune prêtre du nom de Jean Guérin, fixé à Cosne depuis quelques mois seulement, c'est-à-dire depuis qu'il a été pourvu d'une des prébendes de la collégiale, et qui demeurait auparavant sur la paroisse de Saint-Germain-l'Auxerrois. Il cite ensuite un sieur Le Rasle, simple étudiant, fils d'un cabaretier de la ville. Le troisième est le curé de Myennes, « petite cure de trente feux et de deux cents livres de revenu », située à un quart de lieue — il aurait pu dire une lieue — de Cosne » ; il s'appelait Lemaître. Notre délateur le soupçonne d'être « un fugitif ou un exilé qui a demandé à M. l'évêque d'Auxerre la plus petite cure de son diocèse » et auquel le prélat a donné celle de My nes, desservie auparavant, et depuis longtemps, par un des cli-

---

gieux Augustins de Cosne. C'était exact. L'a..é Lemaître avait dû quitter le diocèse de Lyon, où il était employé, par suite de son opposition à la Bulle *Unigenitus* (1).

Nous avons rapporté l'éloge que fait notre homme du curé de la paroisse Saint-Jacques de Cosne, Bailly. Il affirme que cet ecclésiastique n'est ni janséniste, ni moliniste et reste étranger aux nouveautés ; cette assertion constitue une contradiction flagrante avec ce qu'il est dit d'autre part. En effet, à la fin de sa lettre, il informe son correspondant qu'à Cosne, au moment où il écrit, l'official et le promoteur de l'officialité diocésaine d'Auxerre, venus à cette fin, poursuivent une enquête sur le curé de Saint-Jacques, accusé de refuser de se servir du catéchisme récemment publié, pour son diocèse, par M. de Caylus et d'en défendre la lecture à ses paroissiens. Et l'accusation n'était point fausse ; l'auteur de la lettre convient du fait, mais sans en blâmer le curé, semblant plutôt l'approuver. Il convient aussi que l'événement produit en ville, une réelle « émotion », mais ne manque pas de rendre les jansénistes responsables de ce qui se passe. Ne sont-ce pas eux qui ont dénoncé M. Bailly ? Ne les voit-on pas s'agiter, tenir conciliabule sur conciliabule, « ce qui a donné occasion de dire que Treigny était établi à Cosne » ?

(1) Le même nous informe que cet ecclésiastique faisait sa résidence à Cosne, dans une famille où il était hébergé moyennant une pension de cinq cents livres, et il s'étonne ou feint de s'étonner qu'un homme qui retirait à peine deux cents livres de son bénéfice pût être à même de payer une pension de cinq cents livres. La chose s'explique par ce fait que M. Lemaître était, par ailleurs, nanti d'un patrimoine. Nous croyons devoir reproduire ici ce qu'a écrit de lui, dans un des registres de catholicité, son second successeur ; nous y trouvons l'explication du cas de la résidence à Cosne et, par là même, une réponse à la question que se posait l'agent du lieutenant de police : « Feu M. Lemaître, exilé pour son opposition à la Constitution *Unigenitus* a été environ deux ans curé de cette paroisse de Myennes. Il faisait ordinairement sa résidence à Cosne où il vivait en pension, parce que la maison curiale qui était proche de la fontaine était ruinée. Ce très digne curé est mort à Montargis, en allant à Paris voir sa famille. Il a laissé à sa mort quatorze cents livres pour être employées à la construction d'une maison curiale audit Myennes. C'est ce qui a été exécuté. Il doit être regardé comme le restaurateur de cette petite cure ; sans lui, il n'y aurait jamais eu de curé dans ce lieu. Il avait été réuni à La Celle pour être desservi par les curés dudit lieu de La Celle, par rapport au défaut de logement, à la modicité des revenus et au petit nombre d'habitants » (Archives de la mairie de Myennes. V. aussi Registre paroissial.)

La population de Myennes s'est accrue sensiblement depuis lors, par suite de l'établissement des fabriques de poterie.

A propos de l'enquête, nous relevons ce détail : « On a, hier, beaucoup assigné de témoins qui sont des filles, femmes et bigotes de la paroisse à qui on fera dire bien du mal contre ce curé (celui de Saint-Jacques). Tout ceci fait un désordre et un scandale ». Si les filles, femmes et dévotes de la paroisse de Saint-Jacques devaient déposer contre leur curé, c'est donc que, contrairement à une autre assertion de l'agent policier, ledit curé n'exerçait pas son ministère pastoral « au contentement de tous ses paroissiens ».

L'auteur de la lettre nous apprend encore que les cabalistes comme il appelle le groupe de Treigny, distribuaient gratuitement et par esprit de prosélytisme des livres destinés à l'instruction du peuple. Il est parvenu à s'en procurer plusieurs qu'on disait envoyés dans le pays par le curé de Saint-Père qui les lui réclame et le menace, s'il ne les restitue, de la haine, de la fureur, voire de l'excommunication des jansénistes, lesquels, prétend-il, « ont le bras long ». C'étaient, entre autres, le grand et le petit catéchisme de Montpellier, l'Histoire critique de la Constitution *Unigenitus* et un catéchisme historique et dogmatique « imprimé à la Haye aux frais de la Société ». « Ce livre, que j'ai lu, me paraît, écrit-il, d'une dangereuse lecture. Il tend à séduire les simples et à prévenir les esprits, surtout des filles et des femmes, qui sont, pour la plupart, des bigotes et des demi-savantes ».

Il indique par quelles voies arrivaient ces livres. Ils étaient expédiés de Paris par les soins de deux membres de la secte — deux laïques — les « frères » André-Jean Garnier et Pierre Trabot, « tous deux archi-bigots » et jouissant d'un grand crédit parmi les frères composant la Société jansénienne. Les années précédentes, ils ont donné asile aux convulsionnaires, ont fait imprimer un recueil des miracles et prophéties attribués à ces derniers, dont le frère Garnier s'est constitué l'avocat, étant venu trois fois à Cosne, à cette fin.

Le rapport donne sur la situation du « frère » Garnier, sur la maison qu'il occupe à Paris, sur la disposition des pièces qui la composent et leur ameublement les renseignements les plus circonstanciés et les plus précis. (1)

(1) Garnier avait été marié, mais la mort de sa femme l'avait rendu veuf ; il lui restait deux filles qu'il avait confiées à un couvent, afin d'être plus libre d'exercer son prosélytisme. Le rapport spécifie que, pendant le jour, il

A ces renseignements se joignent les suivants : « Il ne parle ordinairement qu'avec un zèle outré des affaires de la Constitution et avec onction du Jansénisme, tâche de convertir et d'attirer à lui ceux à qui il parle, et, pour le peu qu'il se croie libre de parler, il déclame avec outrance contre le ministère (1), contre les jésuites, contre l'archevêque (2) et contre tout ce qu'il croit avoir trait ou rapport au molinisme. Il porte à son doigt l'anneau de la Société, qu'il appelle l'anneau des frères. Il en donne un pareil à ceux qu'il enrôle dans son parti... C'est cet anneau qui fait connaître les vrais frères de cette Société ».

Ces derniers détails laisseraient supposer qu'il existait dans le parti janséniste une sorte de tiers-ordre laïque. Ils prouvent, en tout cas, que ce parti comptait des gens convaincus, d'une foi vive et animés d'un grand zèle pour ce qu'ils croyaient être la vérité. Certes, on ne pouvait pas leur reprocher de *minimiser* la religion, d'en amoindrir les préceptes ; ils l'exagéraient, au contraire, et outraient la morale évangélique. C'est par là justement qu'ils devenaient hérétiques ; mais leur bonne foi, sur ce point, était entière ; s'il y avait des exceptions, elles étaient rares. Toujours est-il qu'ils eussent repoussé comme une grave injure l'accusation d'hérésie ; ils se proclamaient hautement catholiques et entendaient bien le demeurer.

Qu'y avait-il de vrai dans le rapport de l'agent policier ?

est rarement chez lui. De grand matin, à cinq heures, il assiste à une messe en l'église de la paroisse Saint-Just ; il emploie le reste du temps en allées et venues qui, toutes, ont pour but les intérêts du parti ; c'est chez le frère Trabot qu'il prend les deux repas de midi et du soir. Nous possédons aussi son signalement ; il nous est donné dans les plus petits détails : âge, taille, habillement, air, traits du visage, rien n'est oublié.

(1) Le ministère, à l'instigation du cardinal de Fleury, premier ministre, avait fait fermer le cimetière de Saint-Médard, au grand mécontentement de la secte.

(2) M. de Vintimille, successeur de M. de Noailles. Il occupa le siège de Paris depuis l'année 1729 jusqu'à l'année 1746, date de sa mort. Ce prélat s'étant posé en adversaire résolu des jansénistes s'attira leur animadversion ; elle fut des plus vives et se traduisait de différentes façons. Ils jetaient de la boue sur ses mandements et maltraitaient les ecclésiastiques qui parlaient de lui avec respect. Comme le prédécesseur de M. de Vintimille s'appelait Antoine, ils allaient disant qu'en mourant saint Antoine avait laissé l'archevêché de Paris à son compagnon. (Cf. DESNOYERS DU DESERT, *L'Église et l'État en France*, t. I, p. 18.).

Celui-ci était-il bien renseigné ? Son rapport n'était-il pas composé surtout de racontars ? Comment et par quels moyens contrôler les faits et s'assurer de leur exactitude ? Le lieutenant Dubut était en droit de se le demander. L'agent le comprend ; c'est pourquoi il se hâte d'ajouter : « Si vous voulez vous assurer de tous ces faits, rien ne vous sera plus facile : vous n'avez qu'à aposter auprès du frère Garnier une personne sûre, mais qui soit étrangère à la police, car ledit Garnier connaît tous les officiers de police et les agents subalternes. Celui ou ceux que vous aurez chargés de capter ses bonnes grâces devront simuler le bigot et mettre à leur doigt l'anneau dont j'ai parlé, en se donnant comme membres de la Société. Ils peuvent l'aller trouver de la part des curés de Saint-Agnan et de Saint-Père, en exposant que ces ecclésiastiques le prient de leur indiquer le moyen de faire restituer à ce dernier des livres qu'il a eu la charité de lui expédier. Ils vanteront ses bonnes œuvres, le remercieront de sa générosité et de son zèle et lui expliqueront que, sans lui, les habitants de Saint-Père seraient exposés à se damner, si grande est l'ignorance de leur curé ».

Pour s'être procuré des renseignements aussi précis, l'agent avait dû se livrer à une enquête minutieuse. Nul doute qu'à cet effet il avait mis lui-même, le premier, en pratique le conseil qu'il donnait à son chef hiérarchique, qui était d' « imiter le bigot » et de mettre à son doigt « l'anneau des frères ». C'est évidemment en jouant ce rôle qu'il gagnait les bonnes grâces des « cabalistes » et leur arrachait leurs secrets (1). Pour peu honorable qu'ait été la conduite de cet

---

(1) Le Rapport est signé Rigault. Ce Rigault était attaché à la manufacture royale pour la fabrication des pièces destinées à la marine établie entre Cosne et Saint-Père ; à quel titre ? Nous ne saurions le dire. Peut-être était-il en même temps un agent patenté de la police secrète.

Le Rapport de notre policier comprenait sept pages ; le lieutenant Dubut en fit un résumé d'une page qu'il adressa au chef de la Police. Nous ignorons ce qu'il en advint et s'il en fut tenu compte. Nous sommes porté à croire qu'il n'en résulta aucune mesure de rigueur, attendu que les faits relevés dans le Rapport ne constituaient pas, à proprement parler, des délits.

En cette même année 1733, l'évêque d'Auxerre, M. de Caylus, accueillait dans son diocèse un jeune ecclésiastique de Paris non encore dans les ordres, auquel il attribuait une des prébendes de l'église collégiale de Gien. Il s'appelait Hugues Rigault. Il était né à Paris, sur la paroisse de Saint-Louis-en-Lisle, le 3 avril 1707, de Pierre-Auguste Rigault, auditeur des Comptes et de

homme qui nous apparaît comme bassement délateur, il nous aura rendu un service précieux, celui de nous avoir fourni sur la secte et ses agissements des détails du plus haut intérêt, en même temps que son Rapport constitue une évocation curieuse du passé que nous étudions et des luttes religieuses qui le remplirent.

IV. — Le cas du curé de Neuvy, Etienne Gaucher

Nous avons dit plus haut que M. de Caylus se faisait volontiers le protecteur des ecclésiastiques étrangers qui partageaient ses opinions jansénistes, leur ouvrant toutes grandes les portes de son diocèse. Mais si ce prélat avait des égards pour les membres de la secte, il s'en fallait qu'il en eût pour ceux qui lui étaient opposés. Plusieurs de ces derniers éprouvèrent les effets de son courroux

Marie-Françoise Damont. Il avait reçu la tonsure le 26 janvier 1723 et avait été attaché ensuite, en qualité de catéchiste, à l'église paroissiale de Saint-Jean-en-Grève. Peu de temps après, M. de Caylus l'ordonnait prêtre et le nommait à la cure de Saint-Pierre, autrement dit Saint-Père de Nuzy, près Cosne. L'abbé Rigault en prit possession le 28 janvier 1731 et l'occupa jusqu'à sa mort, survenue le 23 décembre 1783. C'était un homme instruit ; il excellait surtout à composer des vers latins et avait acquis dans cet art une telle facilité, qu'il ne se servait pas d'un autre mode de correspondance lorsqu'il écrivait à un de ses amis de Paris avec lequel il était resté en relations et qui lui répondait en vers français. Il laissa à sa mort, en manuscrit, un grand nombre de poésies latines sur les cérémonies et les fêtes de l'année liturgique. Quelques années plus tard, elles furent publiées en un volume par les soins d'un autre de ses amis, l'abbé Frappier, sous ce titre : *Sanctæ Autissiodorensis Ecclesiæ Festorum Carmen, libri duodecim*, autore H. R., opere et impensis D. Augusti-Stephani Frappier, canonici autissiodorensis editum. — Autissiodori, 1790, in-8°.

Il y a tout lieu de supposer que les deux Rigault, l'ecclésiastique et le laïque, étaient parents, et qui sait si ce n'est pas à la prière de celui-ci et pour lui être agréable, que l'évêque d'Auxerre accueillit l'abbé dans son diocèse et le nomma à la cure de Saint-Père, les rapprochant ainsi l'un de l'autre ? Cela confirmerait ce que nous disions plus haut, à savoir que le délateur affectait les dehors d'un janséniste et fréquentait le parti qu'en secret il trahissait.

Mais si cet homme ne partageait pas les doctrines de la secte, il n'en allait pas de même du curé, son parent ou présumé tel, à tout le moins son homonyme ; celui-ci leur était entièrement gagné et son jansénisme ne le cédait en rien à celui de son prédécesseur. Ce que nous en disons ici est simplement pour faire ressortir l'opposition qui, sous ce rapport, existait entre les deux Rigault.

Celui qu'il maltraita le plus durement semble avoir été l'abbé Gaucher, curé de Neuvy-sur-Loire, qui avait succédé au janséniste Robin. Il lui infligea d'abord une pénitence de six semaines que cet ecclésiastique dut accomplir au séminaire d'Auxerre, « séminaire, nous apprend le curé, sans directeurs et sans sujets, à l'exception d'un seul prêtre et de deux frères de la Congrégation de la Mission, pour conserver leur droit ».

Un séminaire sans séminaristes ni directeurs, le cas n'est pas banal. D'où venait que l'établissement fût ainsi dépourvu de maîtres et d'élèves ? L'abbé Gaucher s'abstient de le dire, mais nous en trouvons l'explication ailleurs. En 1682, par contrat passé entre les deux parties, l'évêque d'Auxerre, André Colbert, avait confié à la Congrégation des Prêtres de la Mission, autrement dit aux Lazaristes, la direction de son séminaire. Mais ces fils de saint Vincent de Paul, fidèles, sur ce point, à l'esprit et aux enseignements de leur fondateur, avaient toujours eu de l'éloignement pour les doctrines jansénistes ; or, le successeur d'André Colbert, M. de Caylus, entendait que ses séminaristes fussent élevés justement dans ces doctrines. N'étant pas libre, en raison du traité dont nous venons de parler et qui le liait lui-même, de congédier les directeurs, que fit le prélat ? Il laissa ceux-ci occuper les locaux du séminaire et en retira les séminaristes qu'il établit dans une aile de son palais épiscopal, avec des professeurs de son choix. Voilà comme quoi le séminaire d'Auxerre, à l'époque où M. Gaucher y fut détenu, se trouvait être sans séminaristes ni directeurs.

Mais si cet ecclésiastique a omis de nous renseigner sur ce point, il n'observa pas la même réserve touchant le motif qui lui valut sa pénitence. « Si j'ai été absent et détenu pendant ledit temps au grand séminaire d'Auxerre, explique-t-il, ce n'a été uniquement que pour obéir à M⁊ de Caylus, évêque, à cause de mon attachement inviolable à la Constitution [*Unigenitus*] (1) ».

De vrai, si son évêque était l'adversaire de cette Constitu-

---

(1) Archives de la mairie de Neuvy. Registres de catholicité. M. Gaucher consigne ses réflexions à la suite d'un acte de baptême, d'enterrement ou de mariage, selon que le cas se présente.

tion et la rejetait opiniâtrement, lui, curé, n'était pas moins acharné à l'accepter et à s'y soumettre. C'était comme on l'a dit de Mgr Bargedé, un « hardi constitutionnaire », inviolablement attaché à la chaire de Pierre. Son sens catholique lui faisait même devancer les décisions de l'Église : c'est ainsi qu'il ne parle jamais de la Vierge Marie sans ajouter aussitôt : « qui a été conçue sans la tache originelle », proclamant ainsi son immaculée Conception.

Le 16 janvier 1738, notre curé éprouve le besoin de transcrire, en la faisant sienne, la formule suivante de profession de foi catholique :

Je, Etienne Gaucher, prêtre, curé de l'église paroissiale de Saint-Laurent de Neuvy, crois tout ce qui est enseigné dans le symbole de la foi. Je me soumets de cœur et d'esprit, purement et simplement, à toutes les décisions de l'Église, et en particulier à la Constitution *Unigenitus* que je reconnais être un jugement dogmatique et irréformable de l'Église universelle qui doit régler mes sentiments dans l'ordre de la foi, et contre lequel on ne peut se soulever sans encourir les censures portées par la même Constitution. Je fais profession de condamner tout ce que condamne cette même Église et de détester toutes les erreurs anciennes et nouvelles contre lesquelles elle a prononcé. Je proteste que, moyennant la grâce de Dieu, je veux vivre et mourir dans l'union avec le Saint-Siège apostolique, dans la soumission entière qui lui est due et dans la foi de l'Église catholique, apostolique et romaine, pour la défense de laquelle je serais prêt, s'il était nécessaire, de donner mon sang et ma vie.

A la suite de cette profession de foi qu'il a soin de signer, le bon curé ajoute : « Je proteste, de plus, que les appelants de la Constitution *Unigenitus*, aussi bien que les tolérants dudit appel, sont dans un danger des plus évidents de leur salut ». Les sentiments de M. Gaucher sont ici clairement exprimés : il n'admettait aucune compromission avec l'erreur ; son catholicisme était pur de tout alliage : c'était ce qu'on pouvait appeler un intransigeant.

Cet ecclésiastique ne dut pourtant pas trop regretter sa pénitence de six semaines au séminaire d'Auxerre. Pour le dédommager de ce désagrément et le lui faire oublier — c'est de lui-même que nous tenons ce détail — le roi Louis XV lui fit remettre, à titre de gratification, la somme de 600 livres. En outre, à son retour, une partie de ses paroissiens, « les uns à cheval, les autres à pied, en armes et tambour en tête », se rendirent au-devant de lui jusqu'à Bonny ; et, le soir, « au champ de Fontarabie », situé sur le territoire de Neuvy, on alluma un feu de joie. C'est le cas de dire : à quelque chose malheur est bon.

Mais la disgrâce dont il vient d'être parlé était peu de chose à côté de celle que M. de Caylus réservait au curé anti-janséniste et qu'il lui infligea deux ans plus tard. Cette fois, il ne s'agit de rien de moins que d'un interdit. Le prélat prit cette mesure à la suite d'une sentence rendue contre M. Gaucher par l'officialité diocésaine. Ce dernier devait, en même temps, être privé de son bénéfice ainsi que du titre y afférent ; mais le métropolitain, Languet, auquel il en appela, les lui maintint. Il n'en fut pas moins obligé de s'éloigner de sa paroisse qu'il fit desservir par des vicaires. Il n'y rentra qu'au bout de vingt ans, en 1755, après la mort de l'évêque Caylus. A la fin du registre de catholicité de cette année-là, l'intrépide curé écrit :

Que la postérité sache que j'ai été absent environ vingt ans de ma paroisse pendant l'épiscopat de M⁰ʳ Charles de Caylus. Ce n'a été que parce que j'ai fait paraître mon adhésion aux Constitutions des souverains pontifes qui condamnent les erreurs de Baïus, Jansénius et Quesnel. En conséquence de ce, je n'avais aucune communication avec les réfractaires en ce qui regarde la religion.

Ce que j'atteste sincère et véritable.

Ce dernier jour du mois de décembre 1755.

M. Gaucher ne dit pas de quelle façon il fit paraître son « adhésion aux Constitutions des souverains pontifes », ni ce qui lui valut son interdit ; mais nous le savons d'une autre source. Un jour que M. de Caylus était venu à Neuvy pour y administrer le sacrement de confirmation, le curé s'abstint de toute communication avec le prélat, refusant de l'accompagner soit à l'église soit ailleurs et l'abandonnant à lui-même. Il ne s'en tint pas là : aussitôt l'évêque parti, et avant même que le prélat eût franchi les limites de la paroisse, il fit sonner les cloches à toutes volées pour convoquer les fidèles à une cérémonie expiatoire : il s'agissait de réconcilier l'église souillée, prétendait-il, par la présence d'un évêque hérétique (1).

M. de Caylus — comme il était naturel — ne trouva pas la chose de son goût, et c'est pour punir M. Gaucher de son zèle « constitutionnaire » qu'il le traduisit devant l'officialité diocésaine et le frappa d'interdit.

A part la sonnerie de cloches et la cérémonie expiatoire, semblable mésaventure advint au même prélat, à Champlemy, au cours d'une tournée pastorale. Le curé de la paroisse était messire François Lepiot. L'évêque arrive et se présente à la porte de l'église. Pendant plus de deux heures, il attend le curé, mais en vain ; de guerre lasse, il pénètre dans le lieu saint. Là, nouvelle surprise : rien n'y est préparé en vue de la visite qu'il vient faire et dont M. Lepiot avait été cependant officiellement avisé. Voici, au surplus, le passage du procès-verbal de la visite épiscopale où le fait est relaté : « Après avoir attendu le curé plus de deux heures et étant entré dans ladite église, n'avons trouvé rien de disposé pour notre visite, quoiqu'elle ait été indiquée à la manière accoutumée par notre mandement (2) ». De tels faits sont révélateurs de toute une situation.

Comme le curé de Neuvy, M. Lepiot était un « constitutionnaire » déterminé. Vieillard de soixante-quinze ans, il ne tarda pas à mourir. L'évêque se vengea alors en lui donnant un successeur de son choix, aussi attaché à la secte que le défunt en était éloigné et qui, justement pour ce motif, se trouva, à son tour, comme nous aurons l'occasion de le constater plus loin, en opposition d'idées avec le successeur de M. de Caylus, l'anti-janséniste Condorcet.

(1) Archives de la Fabrique de Neuvy.

(2) Archives de l'Yonne, G. 1618. — Procès-verbaux de visites épiscopales. M. de Caylus eut des désagréments d'un autre genre et de plus sérieux. En 1733, le bruit se répand qu'une jeune fille de Seignelay a été guérie miraculeusement, à la suite d'une neuvaine de prières en l'honneur du diacre Pâris, le grand saint de la secte, mort quelques années auparavant (1727). M. de Caylus a la simplicité d'ajouter foi, sans examen suffisant, à cette prétendue guérison. Il se transporte à Seignelay, afin de rendre gloire à Dieu d'un événement aussi consolant et publie un mandement dans lequel il fait le panégyrique du diacre thaumaturge. Trois de ses curés, dont l'un était le curé de Quincy-les-Varzy, un sieur Germon, dénoncèrent au métropolitain ledit mandement qui, quelque temps après, fut condamné par le pape. (Cf. LEBEUF, *Mémoires concernant l'Histoire civile et ecclésiastique d'Auxerre*, t. II, p. 328, note. Edition de 1851).

Deux ans après son retour à Neuvy, jugeant sans doute que, pendant son absence, la paroisse avait été quelque peu contaminée par les doctrines de la secte, l'abbé Gaucher décida d'y faire donner une mission. Cette mission dura un mois et fut prêchée, comme on pouvait s'y attendre, par des membres de la Compagnie de Jésus, au nombre de trois, appartenant à la résidence d'Auxerre. Elle eut, paraît-il, un succès prodigieux. On y venait de toutes les paroisses voisines, à plus de dix lieues à la ronde. Le nombre des personnes qui s'approchèrent des sacrements s'éleva à près de quinze cents. En consignant ces détails à plus d'un mois de distance, le zélé pasteur note que la ferveur de ses paroissiens n'a pas diminué, si même elle n'a augmenté.

Pour qu'une mission pût être prêchée à Neuvy, comme d'ailleurs dans toute autre paroisse du diocèse d'Auxerre, par des jésuites, il ne fallait rien de moins que la disparition de M. de Caylus. On devine, en effet, que ces religieux, adversaires acharnés des doctrines jansénistes, ne devaient pas jouir des bonnes grâces d'un prélat qui en était un fervent adepte. En 1725, il leur retira l'autorisation dont ils avaient joui jusque là, de prêcher et de confesser dans l'étendue de son diocèse ; et cette interdiction ne cessa qu'à sa mort, c'est-à-dire au bout de trente ans (1).

(1) Cf. Lebeuf, *opus cit.*, t. II, p. 323.
L'archevêque de Paris, Noailles, avait pris la même mesure pour son diocèse. Les gazetiers s'emparèrent de la chose ; une pièce de vers publiée par l'un d'eux et qui fit un instant fortune nous en fournit la preuve ; elle est intitulée : *Requête à M. l'archevêque sur l'interdiction des Jésuites*. Le lecteur nous saura gré, pensons-nous, d'en reproduire les passages principaux ; outre que cette pièce peut s'appliquer au diocèse d'Auxerre aussi bien qu'à celui de Paris, les situations de l'un et de l'autre étant identiques, on y trouve exposée assez exactement, quoique sous une forme humoristique et plaisante, les pratiques opposées de certains moralistes de ce temps-là, désignés sous le nom de laxistes et de rigoristes :

> Seigneur, plaise à Votre Éminence
> Donner un moment d'audience
> Aux pécheurs de votre cité
> Assemblés en grand comité,
> Pour lui remontrer humblement
> L'Injustice du traitement
> Fait à ces bons *Agnus Dei*
> *Qui tollunt peccata mundi,*
> À ces Saints qui se font eux-mêmes
> En tous lieux pour nous anathèmes,

V. — Mission d'Armes, près Clamecy

Une mission qui fit à Clamecy et dans les environs beaucoup de bruit, et sans doute aussi — quoique ce ne fut pas alors l'avis de tout le monde — beaucoup de bien, est celle qui fut prêchée par trois jésuites, à Armes, diocèse d'Autun, pendant deux mois, du 17 avril au 14 juin 1731, et dont une relation, imprimée à Bruxelles l'année suivante, nous a été

> Nous, pécheurs de profession,
> Gens de toute condition.
>
> . . . .
> Chacun de nous tranquillement
> A ses désirs s'abandonnant
> Sous la protection des Pères
> Toujours cléments et débonnaires,
> S'allait confesser à l'envi,
> Et, moyennant un *peccavi*,
> Mais *peccavi* sans conséquence,
> Sans douleur et sans repentance,
> Obtenait de tout main levée.
>
> . . . .
> Mais aujourd'hui qu'allons-nous faire ?
> Faudra-t-il désormais, contrits,
> Aller confesser nos délits
> A quelque curé rigoriste,
> Dont la figure janséniste
> Et les rébarbatifs dehors
> Vous glacent le sang dans le corps ?
> Qui de cent questions gênantes
> Frappent nos oreilles tremblantes,
> Vous demandent combien de fois,
> Quand, comment, quels sont vos emplois,
> Qui, sans égard ni pour naissance,
> Ni pour rang ni pour bienséance,
> Vous remettent l'absolution
> Dans six mois, à condition
> Que, toute autre affaire cessante,
> Votre vie vraiment pénitente
> D'un véritable changement
> Leur soit un assuré garant.

(Arch. nat., Histoire ecclésiastique, L, 12. Cité par A. Lenoy, *La France et Rome*, etc., p. 432.)

Mais si, durant cet intervalle, il était défendu aux Pères jésuites d'exercer leur apostolat dans le diocèse d'Auxerre, cette défense ne leur était pas faite

conservée (1). Cette relation, vrai pamphlet, ne porte pas de nom d'auteur, mais elle trahit la main d'un janséniste (2). C'est dire qu'elle est loin d'être favorable aux jésuites, comme on ne tardera pas à s'en convaincre, au moyen des extraits et de l'analyse que nous en donnons.

S'il faut en croire l'auteur anonyme de la relation, le curé d'Armes, un nommé Souard, n'était connu dans la région que « par son zèle outré pour la Bulle *Unigenitus* et ses déclamations contre les appelants ». Dans l'esprit des promoteurs de la mission, elle était destinée beaucoup moins aux fidèles d'Armes, diocèse d'Autun, qu'à ceux de Clamecy, diocèse d'Auxerre, distant seulement d'un quart de lieue de la paroisse susnommée et qui n'avait à sa tête que d'affreux jansénistes, en sorte qu'au dire de l'auteur, elle eût beaucoup mieux mérité d'être dénommée *Mission de Clamecy* que *Mission d'Armes* (3). Le même relate, en le déplorant, qu'on

dans tous les diocèses. En d'autres, tels les diocèses de Nevers et d'Autun — pour ne citer que ceux-là, qui étaient limitrophes — les évêques, bien que certains d'entre eux fussent gagnés au parti des novateurs, ne se montraient pas aussi sévères. Ainsi, en l'année 1703, sous l'épiscopat de Mgr Valof, huit jésuites prêchent à la cathédrale de Nevers, une mission qui dura près de deux mois, du 20 mai au 8 juillet, avec quatre instructions par jour, dont la première avait lieu à quatre heures du matin. Elle fut clôturée par la plantation d'une croix monumentale mesurant soixante pieds de long et portée par « quatre cents hommes habillés en pénitens, nud pieds et la corde au col ». L'endroit choisi était le « Boût des ponts ». La croix fut fixée en terre par les bateliers, au moyen de machines et de cordages.

(Arch. mun. de Nevers, BB, 23.)

(1) *Relation de la Mission faite à Armes, près de Clamecy, par les RR. PP. Robot, Lau et Noirot, Jésuites, aux mois d'avril, mai et juin 1751.* — In-12 de 43 pages. Bruxelles, 1752.

Un exemplaire de cette brochure était la propriété du regretté M. de Flamare, ancien archiviste départemental, qui nous en a donné gracieusement communication. Il en existe un autre à la bibliothèque de la Société scientifique de Clamecy et un troisième à la Bibliothèque nationale ; ce sont les seuls que nous connaissions.

(2) On l'a attribuée à un sieur Etienne Millelot, procureur de la Châtellenie de Clamecy, auquel, dit-on, elle valut, dans la suite, plus d'une contrariété. (Cf. A. Bossut-Moret, *Ephémérides clamecycroises*, p. 178).

(3) C'est vraisemblablement à cette mission que Saint-Simon fait allusion dans ce passage de ses *Mémoires* : « Il y a un fantôme d'évêché, sous le titre de Bethléem, dans le duché de Nevers, sans territoire, dont la résidence est Clamecy, qui ne vaut que cinq cents écus de rente, auquel les ducs de Nevers ont toujours nommé... Mais les jésuites ne s'accommodèrent pas que cette figure d'évêché leur échappât. » (*Mémoires*, t. XI, p. 28, édit. Chéruel).

courait à Armes « de Clamecy et des environs avec une espèce de fureur ». Une chose le scandalisa surtout : le grand nombre de communions, principalement de premières communions. Les enfants des paroisses voisines admis à ce grand acte par leurs curés jansénistes étaient toujours le très petit nombre. Les autres, à l'annonce que les missionnaires étaient disposés à les y préparer, se rendaient en foule à la mission pour se faire inscrire. Notre auteur affirme que la liste des inscrits dans l'espace de trois jours s'éleva à quatre cents. Il est vrai, ajoute-t-il, que les bons Pères inscrivaient ceux « de l'âge le plus tendre ». Et cela, malgré une première communion générale faite en l'église collégiale et paroissiale de Clamecy, trois semaines auparavant, « pour ceux — le correctif est à noter — que le curé avait trouvés disposés ». Il faut croire qu'il n'en avait pas trouvé beaucoup de disposés et que les élus furent le petit nombre.

Ce n'est pas tout. Les missionnaires n'aggravèrent-ils pas leur cas en admettant à la communion toutes les personnes de Clamecy qui, au temps pascal, s'étaient vues écartées de la Table sainte par leurs confesseurs jansénistes ?

Le curé de Clamecy écrivit, par deux fois, à son évêque, M. de Caylus, pour se plaindre de ce qu'il considérait, de la part des Pères jésuites, comme un abus de juridiction, et le prélat transmit les lettres à son collègue d'Autun. La relation reproduit les deux réponses de ce dernier. La seconde, datée du 7 mai 1751, est ainsi conçue : « J'ai donné les ordres les plus précis aux Pères missionnaires, Monseigneur, de se renfermer dans les bornes des pouvoirs qui leur ont été confiés. J'ai même chargé le curé d'Armes d'y tenir la main, en sorte que vous pouvez être tranquille désormais sur la conduite qu'ils tiendront à l'égard de vos diocésains ».

L'évêque d'Auxerre et le curé de Clamecy avaient là un bon billet ! L'évêque d'Autun appartenait cependant au parti des novateurs. C'était M. de Montazet, qui, quelques années après, en 1758, devint archevêque de Lyon.

Le curé de Clamecy lut en chaire les deux lettres épiscopales ; mais, au rapport de notre pamphlétaire, ni les missionnaires ni les fidèles n'en tinrent compte.

Les livres infectés des doctrines de la secte, ou seulement

dont les auteurs étaient connus pour lui avoir appartenu, tels que les *Réflexions morales* de Quesnel, les ouvrages de Nicole, d'Arnaud, de Pascal, de Petitpied, furent dénoncés et leurs possesseurs invités à les remettre aux missionnaires, qui en faisaient des autodafés. Citons plutôt la Relation : « La fureur des missionnaires contre les bons livres *fut poussée jusqu'au sacrilège* (1). Eucologes, Ordinaires de la messe, Heures de Noailles, Imitation de Jésus-Christ, Ancien et Nouveau-Testament, on fit main basse sur tous ces livres ; on les brûlait. Plusieurs assurent que le nombre des volumes brûlés va à plus de mille (2) ».

Dans le principe, les missionnaires n'étaient que deux : c'étaient les PP. Lault ou Leau (3) et Robot ; mais un troisième, un certain Père Noirot, arriva peu après. Ce religieux traversa Clamecy escorté d'une quinzaine de jeunes gens d'Auxerre qui, par la faute de leurs curés jansénistes, n'avaient pas encore fait leur première communion et qu'il amenait avec lui afin de les y préparer.

Les fougueux missionnaires ne manquaient pas, entre temps, de mettre leur auditeurs en garde contre les appelants qu'ils gratifiaient de « nouveaux hérétiques ». L'évêque d'Auxerre n'était pas davantage épargné ; il était même le plus maltraité. « Que vous êtes à plaindre d'avoir pour voisin un évêque hérétique », dit un jour à son auditoire d'Armes le P. Robot. On aurait pu répondre au bon Père que lui et ses confrères étaient encore plus à plaindre, puisqu'ils résidaient dans la même ville que le prélat, et que celui-ci leur était, par suite, beaucoup plus « voisin ».

Il n'est pas jusqu'aux cantiques que les missionnaires fai-

---

(1) Ces derniers mots soulignés dans le texte.

(2) Page 15.

(3) Le P. Lault ou Leau (Louis-Claude), qu'il ne faut pas confondre avec le P. Jean Leau dont il a été question précédemment, était né à Savigny-sur-Canne, au diocèse de Nevers, le 9 juillet 1712. Au moment de la suppression de la Compagnie, en 1763, il était missionnaire ou prédicateur au collège d'Auxerre et profès des quatre vœux depuis le 2 février 1757. Il se retira alors à Savigny, chez son frère. Il n'avait pas d'autre ressource, pour subsister, qu'une pension viagère de 75 livres que celui-ci lui devait.

saient chanter au peuple qui ne servissent à discréditer
M⁖ de Caylus et à rendre son nom odieux (1).

Des trois missionnaires, le plus populaire était le P. Robot :
il ne pouvait traverser les rues de Clamecy sans se voir
aussitôt entouré d'une troupe d'admirateurs dont quelques-
uns, au rapport de notre malveillant janséniste, poussaient
le fanatisme — il dit « l'imbécilité » — jusqu'à couper des
morceaux de sa robe pour les conserver comme des reliques.

Puis il y eut une certaine exhibition dénommée *Triomphe
de la Vierge* consistant en une sorte de trône surmonté d'une
statue de la Mère de Dieu et qui fut promenée dans les rues
de Clamecy, au milieu d'un peuple immense. Nous ne nous
étendrons pas sur les incidents auxquels cette exhibition
donna lieu, non plus que sur les troubles survenus au cours
de la procession faite par le clergé de cette paroisse, le jour
de la Fête-Dieu. Disons seulement que la fameuse *Mission
d'Armes* se termina, comme cela a lieu assez généralement,
par la plantation d'une croix. Cette croix monumentale (elle
mesurait quarante pieds de haut) fut érigée au lieu appelé la
Maladrerie, entre Armes et Clamecy, la face tournée vers
cette dernière paroisse, repaire du jansénisme.

A partir de ce moment, le curé de Clamecy et les chanoines de la collégiale ne purent sortir de chez eux sans
s'entendre traités de « jansénistes », d' « hérétiques », de
« damnés ». C'était un des résultats de la Mission ; elle en eut
d'autres et, grâce à Dieu, de plus heureux.

----

(1) En voici un exemple ; il est emprunté au cantique trente-neuvième du
recueil intitulé : *Cantique à l'usage des Missions*, publié par des jésuites. La
première strophe commence ainsi :

> Le monde en vain par ses biens et ses charmes
> Veut m'engager à plier sous sa loi.

Au premier vers on faisait subir cette variante :

> Caylus en vain par ses biens et ses charmes, etc.

La seconde strophe était, elle aussi, modifiée sans nul respect pour la rime.
Au lieu de :

> Venez, venez fiers enfants de la terre,
> Déchaînez-vous pour me ravir ma foi,

on chantait :

> Venez, venez, fiers enfants de *Caylus*, etc.

VI. — Une Tournée de Confirmation en 1760

En 1760, M. de Condorcet, le successeur de M. de Caylus, fit une tournée générale de confirmation dans son diocèse. Le récit en a été publié, sous forme de brochure, l'année suivante (1). Il est précieux en ceci, qu'il nous permet de faire connaissance avec le clergé de la partie de l'ancien diocèse d'Auxerre qui nous occupe. La brochure ne porte pas de nom d'auteur ; mais elle est écrite — on n'est pas longtemps à s'en apercevoir — par un janséniste et dans un esprit janséniste. L'auteur anonyme se trouvait donc en opposition absolue de sentiments avec son évêque. En effet, M. de Condorcet, bien différent en cela de son prédécesseur, était l'ennemi déclaré des novateurs (2).

L'itinéraire — pour la partie devenue nivernaise — était Dampierre-sous-Bouhy, Saint-Amand, Myennes, Cosne, Alligny, Donzy, Varzy, Champlemy (avec retour et coucher à Varzy), Corvol-l'Orgueilleux, Clamecy et Surgy. Ces paroisses, la dernière exceptée, sont les paroisses stationales.

(1) *Relation de la visite générale faite en 1760 par M. de Condorcet, évêque d'Auxerre, dans son diocèse, immédiatement avant sa translation à Lisieux.* — In-12 d'environ 50 pages (s. l. n. d. (1761), ni nom d'auteur]. — L'anonymat finit par être percé et l'on sut, dans la suite, que la relation était l'œuvre de M. Basdebat, curé de la paroisse Saint-Louis de Gien, qui dut être renseigné par un ecclésiastique de l'entourage de l'évêque.

Les exemplaires de cette brochure sont devenus extrêmement rares. Celui que nous avons consulté était la propriété de feu M. de Flamare, ancien archiviste départemental.

En publiant sa brochure, l'auteur de la relation n'était peut-être pas animé d'intentions très charitables à l'égard de son évêque ; il n'en reste pas moins qu'il a rendu aux érudits un grand service dont ceux-ci lui savent gré, comme aussi ils savent gré à son correspondant occasionnel de l'avoir si bien renseigné.

(2) La visite pastorale qu'il fit de son diocèse lui laissa tant d'amertume, il y rencontra tant de résistance de la part de son clergé, presque tout entier janséniste, qu'il chercha et réussit à s'en éloigner. En effet, peu après, il quittait le siège d'Auxerre pour celui de Lisieux, par suite de la permutation survenue entre lui et le titulaire, J.-B. Champion de Cicé.

L'auteur de la Relation nous apprend que les curés d'Argenou (1), Arquian, Bitry et Saint-Amand sont des disciples fervents de M. de Caylus. Il n'en est pas de même de celui d'Alligny, Eymard, élevé dans d'autres principes. C'est, dit-il, une créature de M. de Condorcet. Il l'accuse d'accueillir tous les libertins des paroisses voisines, qu'il entend en confession, au grand déplaisir de ses confrères, et de se faire fort de confesser en deux jours toute sa paroisse qui compte de sept à huit cents communiants. Il possédait, paraît-il, un autre talent, celui de jouer du violon et de faire danser ses paroissiens au son de cet instrument.

A Saint-Amand, peu de confirmands. L'évêque s'en plaint au curé ; il lui reproche également de ne faire des premières communions générales que de loin en loin, à plusieurs années d'intervalle, au point que des personnes de vingt-cinq ans et plus n'ont pas encore été admises à ce grand acte.

Le curé d'Argenou est, lui aussi, réprimandé pour avoir dit à un jeune homme qui avait suivi, dans une paroisse voisine, les excercices d'une mission prêchée par des Jésuites, que ces missionnaires étaient des « faux prophètes ». L'accusation fut portée devant l'évêque par le jeune homme lui-même, le curé présent. Celui-ci en fit franchement l'aveu. « Je l'ai dit, déclara-t-il ; je tiens, en effet, qu'ils enseignent une mauvaise doctrine et autorisent le relâchement ». Un autre jeune homme lui reproche de l'avoir prévenu que s'il allait aux missionnaires, il serait damné. Une telle conduite de la part d'un janséniste n'a rien qui doive surprendre, les Jésuites étant considérés par les jansénistes comme les destructeurs de la morale.

Le 11 septembre — la tournée pastorale avait commencé le 29 août par Dampierre-sous-Bouhy — M. de Condorcet confirme à Bonny, où la paroisse de Neuvy est convoquée (il avait confirmé, les jours précédents, à Saint-Fargeau, Saint-Privé, Bléneau, Gien et Briare). Douze cents personnes environ se présentèrent à la Table sainte. « Ce fut peut-être, observe notre narrateur, pour la consolation de l'évêque,

<hr>

(1) Ancienne paroisse supprimée à la Révolution et rattachée à celle d'Arquian.

mais d'autres en gémirent ». Douze cents communiants !
A la vérité, il y avait de quoi, pour un janséniste, être
suffoqué.

Sur ce nombre, beaucoup, sinon la plupart, devaient
appartenir à la paroisse de Neuvy, dont le curé, Gaucher,
nous est connu ; il était « constitutionnaire forcené ». Quand
l'auteur de la Relation parle de lui, on pense bien que ce
n'est pas pour chanter ses louanges. Voici ce qu'il en dit :

M. Gaucher avait été interdit par M. de Caylus, à la suite
d'une sentence de l'officialité. Un appel à la Primatie (au
métropolitain) l'ayant empêché d'être destitué de sa cure, il y
reparut après plus de vingt ans d'absence, sous la protection de
M. de Condorcet qui se hâta de le rétablir, comme un sujet
précieux.

Il ajoute :

Le détail de ses extravagances serait infini. Il suffit de dire
qu'à son retour de Neuvy, il fit une nouvelle aspersion d'eau
bénite sur les autels, les ornements, les vases sacrés, les fonts
baptismaux et la chaire de son église pour les purifier de la
prétendue souillure que leur avaient communiquée les desser-
vants placés de la main de M. de Caylus.

A Myennes, où M. de Condorcet coucha en revenant de
Bonny et où il confirma le lendemain, il n'y eut de tancé que
le curé de Saint-Loup, Verger, pour son adhésion à la protestation adressée, à lui évêque, par le chapitre d'Auxerre,
au sujet d'une lettre pastorale dans laquelle le prélat niait
que « l'amour dominant » fût une disposition requise pour
recevoir le sacrement de pénitence. M. Patas, curé de Myennes, quoique partageant la même doctrine, ne reçut aucun
reproche ; le prélat le complimenta même sur la façon dont
les enfants de la paroisse avaient répondu. On ne sut alors à
quoi attribuer ce ménagement.

A Cosne, M. de Condorcet descendit chez le curé de
Saint-Agnan, Bourgeois, nommé par lui à ce bénéfice,
mais qui possédait un autre titre à sa bienveillance, celui
d'ancien jésuite ; il lui donnait ainsi la préférence sur le
chantre-curé de la collégiale Saint-Jacques, Gromaire, attaché
à la secte. Mal lui en prit. La nuit qu'il coucha sous son toit,

il fut assailli par une armée de punaises qui l'empêchèrent de goûter un instant de sommeil. Notre peu charitable narrateur, qui rapporte avec complaisance ce détail d'ordre intime, donne à entendre, sans toutefois oser le dire ouvertement, que c'était bien fait pour lui ; peut-être y vit-il une punition d'En-Haut.

Le curé de Saint-Père, Rigault, qui, sous l'épiscopat de M. de Caylus, avait été confesseur des bénédictines de Cosne et à qui ce ministère avait été retiré à l'avènement de M. de Condorcet, fut traité par ce dernier de « mauvais esprit » et de « fanatique ». Le prélat ne se montra pas moins sévère pour les moniales. Il leur prodigua les épithètes « d'entêtées, de désobéissantes, de révoltées, et leur refusa sa bénédiction en disant qu'il ne la donnait pas à des rebelles ». Ces dames n'avaient pas accepté la Bulle *Unigenitus*, nouvelle preuve que les doctrines jansénistes avaient pénétré dans les couvents de femmes.

Les religieuses de Donzy, de la Congrégation Notre-Dame, se trouvaient dans le même cas. Par suite, elles reçurent les mêmes réprimandes. L'évêque alla jusqu'à leur dire qu'elles étaient pour lui un sujet de gémissements et de larmes. Il leur reprocha d'écouter un petit curé de campagne ou un chanoine (un des chanoines de la collégiale de Saint-Caradeuc) de préférence à leur évêque. La mère assistante ne craignit pas, à cette occasion, d'entamer une discussion théologique, affirmant qu'elle se croyait en sûreté de conscience et qu'elle ne tremblait pas. « Vous dites, ma sœur, que vous ne tremblez pas ! Eh bien ! moi, je tremble pour vous. Depuis Clément XI, cinq papes s'élèveront contre vous au jugement de Dieu ». L'audacieuse et intrépide moniale ne se laissa pas émouvoir : elle répondit qu'elle tremblait pour ses péchés, mais que, pour ce qui était de ses sentiments, ils ne lui inspiraient, Dieu merci, aucun remords. Tant d'entêtement rendait inutile toute observation ; l'évêque n'insista pas.

A Varzy, le curé, Bigot, et son vicaire, ardents jansénistes, venaient de rentrer dans cette paroisse, d'où un ordre exprès de M. de Condorcet les avait éloignés momentanément, et de reprendre leurs fonctions. A part une ou deux exceptions, le chapitre de la collégiale de Sainte-Eugénie de Varzy était composé de membres de l' « ancien clergé », par quoi il faut entendre le clergé formé sous M. de Caylus et élevé dans ses principes, en sorte que l'évêque se trouva là en pays janséniste.

Pendant l'absence du curé, les PP. jésuites, avec l'approbation de l'Ordinaire et munis de pleins pouvoirs délivrés par lui, avaient donné à la paroisse une Mission que notre auteur qualifie de « fatale Mission », fatale sans doute à cause du grand nombre de pécheurs absous. Le P. Pijean, l'un des missionnaires, y avait établi une confrérie de jeunes filles que le curé, à son retour, s'empressa de supprimer.

Varzy, dans l'itinéraire, est paroisse stationnale. Au nombre des paroisses convoquées se trouve celle de Courcelles. Le curé de Courcelles, Lecomte, appartient - lui aussi, à l'ancien clergé et est « appelant » de la Bulle *Unigenitus*.

Nous sommes au 29 septembre. Le lendemain, l'évêque confirme à Champlemy. Le curé, Nombret, est un rigoriste outré et connu comme tel dans la région. Il pouvait s'attendre à être malmené. Il le fut, en effet, d'importance. Au reste, l'un de ses confrères voisins, le curé de Saint-Malo, avait prédit, sans crainte, affirmait-il, d'être démenti par l'événement, que, le jour de la visite épiscopale, M. Nombret aurait « une rude suée ».

Tout d'abord, l'évêque s'abstint de descendre chez lui ; il descendit chez un sieur Gaudinot, bourgeois de l'endroit, ne cachant pas au curé qu'il en agissait ainsi afin de lui manifester son mécontentement.

Les confrères de M. Nombret, connaissant sa sévérité, avaient prévu qu'il présenterait peu de personnes à la communion et à la confirmation, et ils décidèrent d'y remédier. Sans lui en demander l'autorisation, dès que M. de Condorcet est entré dans l'église, les curés de Saint-Malo, de Châteauneuf et de Corvol d'Embernard (ce dernier du diocèse de Nevers), se mettent à confesser en toute hâte. Et comme s'il était dit que le malheureux M. Nombret boirait le calice jusqu'à la lie, voilà qu'un jésuite — ô horreur — oui, un jésuite, le P. Pijean, un de ceux qui avaient prêché la Mission de Varzy et qui en prêchait vraisemblablement une autre dans les environs, accourt à la rescousse et se joint aux trois confesseurs précités. Le curé de Champlemy crut devoir se plaindre à l'évêque de ce qu'il considérait comme une intrusion et une usurpation de pouvoirs, en même temps qu'un mépris de son autorité. Le prélat répondit à ses doléances en lui citant cette maxime du droit : *Ubi est major, cessat minor.* Il n'y avait pas à répliquer.

Mais notre homme n'était pas au bout de ses désagréments. Dans l'instruction qu'il adressa à l'assistance, M. de Condorcet insista spécialement sur la fréquentation des sacrements, traitant de pasteurs indignes ceux qui en éloignaient les fidèles. C'était un coup droit à l'adresse du curé Nombret. L'instruction terminée, averti que ce dernier n'avait pas plus de cinq ou six confirmands à lui présenter — le petit nombre des élus — l'évêque commanda qu'ils fussent séparés des confirmands amenés par le curé de Saint-Malo, paroisse convoquée, et aussi de ceux de la paroisse stationnale récemment confessés : puis, s'adressant au curé du lieu : « Comment ! M. le curé, s'écria-t-il ! C'est tout ce que vous me présentez pour être confirmé, alors que le nombre des confirmands ne devrait pas être moins de trois cents ! » M. Nombret se borna à répondre qu'il n'admettait aux sacrements que ceux qu'il en jugeait dignes, ajoutant qu'au surplus, c'était à Dieu et à Dieu seul qu'il avait à rendre compte de sa conduite. — Natures fières et pas commodes, ces curés jansénistes !

En même temps, on fit approcher un groupe de jeunes gens et jusqu'à une femme mariée qui n'avaient pas encore fait leur première communion, et d'autres personnes qui n'avaient pas rempli leur devoir pascal, en ayant été empêchés par leur rigide curé. Sur tout cela celui-ci fut réprimandé. L'évêque lui reprocha son rigorisme qui lui faisait différer l'absolution parfois plus de six mois.

Les paroissiens vinrent à leur tour, en corps, déposer contre M. Nombret, se plaignant de sa sévérité excessive au tribunal de la pénitence, et supplièrent le prélat de les en délivrer. Ils criaient à tue-tête et d'une commune voix : « Monseigneur, donnez-nous un autre curé. La paroisse est abandonnée ; elle est perdue ; que s'il ne vous est pas possible de nous donner un curé, donnez-nous au moins un vicaire ». Un janséniste invétéré comme M. Nombret succédant à l'anti-janséniste Lepiot, quel changement, en effet, pour ces braves gens !

Eh bien ! de toutes les avanies que le curé de Champlemy eut à subir ce jour-là, veut-on savoir laquelle lui fut la plus sensible ? Ce fut la « prodigieuse facilité » de ses confrères à distribuer les absolutions. Dans le vrai, pour un janséniste tel que lui, il ne pouvait s'en concevoir de plus grande (1).

Comme M. Nombret, le curé de Corvol-l'Orgueilleux, Bouvier, eut son calice à boire ; lui aussi, n'appartenait-il pas à la secte ? A l'arrivée de l'évêque, il se passa chez lui ce qui s'était passé à Champlemy. De son propre mouvement et sans autre formalité, un de ses confrères du voisinage, le curé de La Chapelle-Saint-André, s'installa au confessionnal, où il employa tout le temps de la cérémonie à expédier quantité de pénitents, non seulement de Corvol, mais encore de Trucy et de Billy, paroisses convoquées, la lie de ces trois paroisses, au dire de l'auteur de la Relation, et que leurs curés avaient jugé bon d'écarter. Le même ajoute ce détail destiné à expliquer la conduite du curé de La Chapelle : « C'était un sujet de choix de M. de Condorcet ».

En arrivant à Clamecy, l'évêque demanda au chantre-curé, Pêcher de la Poterie, combien de personnes il comptait lui présenter à la confirmation. « J'espère bien, dit-il, qu'il ne s'en présentera pas moins de cinq cents ». Le curé répondit qu'il l'ignorait, les vendanges (on était au 3 octobre) y étant un obstacle. « Il y a ici, dans cette paroisse, poursuivit l'évêque, une moisson abondante, mais peu d'ouvriers ». Il y en avait d'autant moins que le prélat avait interdit tout ministère aux jansénistes chanoines de la collégiale. Il est vrai qu'en revanche il avait accordé tous pouvoirs aux Pères Récollets du faubourg de Beuvron, dont le laxisme — toujours d'après notre narrateur — faisait contraste — et sans doute aussi contre-poids — au rigorisme des premiers. Grâce à ces faciles confesseurs, le nombre des confirmands fut grossi, les personnes auxquelles leurs curés avaient refusé l'absolution n'ayant eu qu'à s'adresser à eux. La visite pastorale se termina par Coulanges-sur-Yonne, où la paroisse de Surgy avait été convoquée. Le curé de Surgy, Joignon, était « appelant ». Il présenta à l'évêque quatre-vingts confir-

---

(1) A la Révolution, le janséniste irréductible qu'était M. Nombret, donna dans le schisme en prêtant serment à la Constitution civile du clergé.

mands; le prélat lui fit observer que c'était trop peu. Dans l'allocution qu'au cours de la cérémonie M. de Condorcet adressa à l'assistance, il commenta ce texte de saint Paul : « Opérez votre salut avec crainte et tremblement ». Ce commentaire est vivement critiqué par notre janséniste ; il le traite de « commentaire molinien », ce qui, sous sa plume, est la suprême injure. Aussi bien, le mieux est de lui laisser la parole : « Il l'expliqua (le texte), écrit-il, de manière à faire clairement entendre que Dieu et l'homme sont, dans l'œuvre du salut, des causes partielles, l'homme agissant sans que Dieu influe dans son action, pour laquelle il se contente de le prévenir, de l'exciter et de l'aider, tandis que la bonne œuvre est tout entière l'œuvre de la grâce et de l'homme agissant par la grâce. D'après ses principes, la grâce est libéralement donnée à tous les hommes ».

« La grâce libéralement donnée à tous les hommes ! » Voilà ce que les jansénistes n'admettaient pas, et ce qui pourtant est un principe bien établi de la doctrine catholique. Tout le venin janséniste est là.

Le soir de ce même jour (5 octobre), M. de Condorcet visita l'église de Surgy et coucha à la chartreuse de Bassoville. Le lendemain, il prenait congé des religieux et regagnait en carrosse sa ville épiscopale.

VII. — Quelques manifestations jansénistes

Nous venons de parler de « venin janséniste ». Peut-être y a-t-il lieu, à ce propos, de citer certains passages d'écrits dans lesquels le principe où il est renfermé s'étale ouvertement et est hautement affirmé. Ces écrits ne sont autres que des suppliques adressées à Jean-Baptiste Champion de Cicé qui venait de succéder à M. de Condorcet et que les tenants du jansénisme cherchèrent aussitôt à circonvenir, le sachant d'idées plus larges que son prédécesseur et de caractère plus conciliant.

Voici d'abord un *Mémoire* à lui présenté par les membres du chapitre cathédral d'Auxerre. Les auteurs y supplient instamment le prélat de rétablir « la vraie doctrine ». On devine de quelle doctrine il s'agit ; en tout cas, ce n'est pas de celle que professaient les membres de la Compagnie de Jésus. C'est justement l'enseignement donné par ceux-ci que les chanoines jansénistes ont à cœur de dénoncer : « Un Père Pijean, y lisons-nous, a prêché en ces termes à Varzy : « La grâce ne peut nous manquer. — Il ne » tient qu'à vous d'être saints. — Confessez-vous souvent et » communiez, vous acquerrerez la sainteté. Elle n'est pas » difficile ; il ne tient qu'à vous [de l'acquérir]. La grâce ne » vous manquera jamais ». Que d'inexactitudes, que d'indécences, que d'erreurs même dans ce peu de paroles !... Peut-on tenir dans la chaire de vérité un langage si contraire à celui de l'Ecriture et de la Tradition, et à cet avis si important que l'Eglise donnait autrefois à ses enfants au milieu de la célébration des SS. Mystères : « *Les choses saintes sont pour les saints !* »

N'en déplaise à Messieurs du chapitre d'Auxerre, cette doctrine est parfaitement orthodoxe, tandis que la leur ne l'est pas ; en sorte que, s'il y a ici des hérétiques, ce ne sont pas ceux qu'ils s'imaginent. Messieurs du chapitre d'Auxerre ne sont pas plus heureux lorsqu'ils dénoncent cette proposition extraite des *Heures de la Congrégation :* « Il n'est pas » nécessaire d'être saint pour communier souvent, mais il » faut communier souvent pour être saint ».

« Etrange renversement des idées, observent-ils ! L'Eglise nous dit qu'il faut être saint pour communier même une fois : *Sancta sanctis* (1) ».

Nos jansénistes, qui se piquaient de connaître l'antiquité, auraient dû savoir que, dans la primitive Eglise, on entendait par « saints » l'ensemble des fidèles, c'est-à-dire les chrétiens consacrés à Dieu par le baptême, et rien de plus (2). C'est ainsi que saint Paul adresse ses lettres « aux saints », c'est-à-dire aux chrétiens, « qui sont à Ephèse » ; « aux

---

(1) *Mémoire présenté à M. de Cicé, évêque d'Auxerre, par le Chapitre de son église cathédrale sur l'état du diocèse à son arrivée, au sujet de ce qu'y exigeait le rétablissement de la doctrine, du bon ordre et de la paix.* — In-12 de 44 pages. 1763 [s. l.]

(2) Cf. H. DELEHAYE, *Le mot « Sanctus » dans la langue chrétienne,* in Anal. Boll. (1909), t. XXVIII.

saints qui habitent l'Achaïe ». Il écrit aux fidèles de Rome. « Saluez Philologue et Julie, Nérée et sa sœur,... et tous les saints qui sont avec eux (1) ». Comme on le voit, l'argument des jansénistes soi-disant tiré de la pratique de la primitive Église porte à faux.

Le chapitre d'Auxerre avait donné le branle. Trente-quatre chanoines appartenant à diverses collégiales et cent-un curés suivirent ; ils adressèrent au même prélat des plaintes analogues (2). Tout ce monde obéissait évidemment à un mot d'ordre.

Beaucoup de curés du diocèse d'Auxerre avaient été ou interdits ou suspendus de leurs fonctions par M. de Condorcet à cause de leur attachement aux doctrines jansénistes. La première requête figurant au Recueil a pour but de supplier

(1) Rom., XVI, 15. Et encore : *De collectis quæ fiunt in sanctis.* (I. Cor., cap. XVI, pp. 161 et suiv). — Si nos jansénistes avaient mieux connu l'antiquité, ils ne se seraient pas réclamés du *Sancta Sanctis,* lequel, au contraire, les condamne. Il faut se rappeler, en effet, dans quelles circonstances ces paroles étaient prononcées. Après l'évangile et l'explication qui en était donnée par l'évêque, le diacre congédiait les catéchumènes, les pénitents et les indignes en disant à haute voix : « Retirez-vous, les choses saintes sont pour les saints ». Car les fidèles seuls étaient appelés à assister aux saints mystères et à y participer. En effet, après le renvoi dont nous venons de parler, tous, sans exception et sans distinction, se levaient pour l'offrande, chacun apportant sa part de pain et de vin destinés au Sacrifice, et tous communiaient sous les deux espèces. De là le nom de messe des fidèles donné à cette partie de la messe qui s'étend de l'offertoire à la communion.

(2) Leurs lettres furent réunies en brochure et parurent, à l'époque, sous ce titre : *Requêtes ou Lettres en forme de requêtes de 101 curés, chanoines et autres ecclésiastiques du diocèse d'Auxerre, à Mgr l'évêque pour le supplier de rétablir l'ancien clergé dans ses fonctions, accorder le visa aux ecclésiastiques pourvus de bénéfices, et lui demander la condamnation des livres des PP. Hardouin et Berruyer et des assertions dangereuses et pernicieuses soutenues par les jésuites.* — Paris, 1761, in-12 de 92 pages.

Parmi les signataires de cette première Requête ou Lettre, se trouvent vingt-trois curés de paroisses aujourd'hui nivernaises. Ce sont : Joignon, curé de Surgy ; Bigot, curé de Varzy ; Jacob, curé de Garchy ; Delacroix, curé de Murlin ; Gueride, curé de Trucy-l'Orgueilleux ; Thomas, curé de Breugnon ; Patas, curé de Myennes ; Ferrand, prieur-curé de Cours ; Lecomte, curé d'Argenou ; Bouvier, curé de Corvol-l'Orgueilleux ; Mayol, curé de Changy ; Lecomte, curé de Courcelles ; Nombret, curé de Champlemy ; Desleau, curé de Parigny-la-Rose ; Rebours de Longpré, curé de Rix ; Oudet, curé de La Celle-sur-Nièvre ; David, curé de Nannay ; Masiler, curé de Chasnay ; Le Cavelier, curé de Menou ; Dabru, curé de Billy ; Gromaire, chantre-curé de Saint-Jacques de Cosne ; Rigault, curé de Saint-Père-de-Nuzy (près Cosne), et Fusier, curé de Bitry.

son successeur de les y rétablir. Dans cette pièce, datée du mois de décembre 1761, nous lisons : « Jamais on ne vit (du temps de M. de Condorcet) tant de confessions, si peu de vraies conversions et les communions indignes si prodigieusement multipliées ». Les jésuites, et les jésuites seuls, étaient les auteurs de ce mal (1).

Deux ans s'écoulent sans que l'évêque ait pris contre les jésuites incriminés aucune des mesures de rigueur conseillées. Alors les mêmes ecclésiastiques n'hésitent pas à lui dénoncer de nouveau, en insistant plus fortement encore, « ces religieux qui semblent ne s'être appelés la Compagnie de Jésus que pour pervertir plus efficacement, sous ce nom adorable, le corps entier de la doctrine chrétienne (2) ».

Les curés d'Argenou et de Bitry, crurent devoir consigner à part, par une lettre collective, leurs observations personnelles. Dans cette *Lettre*, datée du 10 septembre 1763 (3), ils expliquent qu'ils se seraient volontiers bornés à adhérer aux remontrances de leurs confrères ; mais des motifs différents de ceux exposés dans le Mémoire qui leur fut présenté leur ont paru devoir être ajoutés à ces derniers. Ainsi, ils déplorent qu'après un interdit de trente ans, M. de Condorcet ait restitué leurs pouvoirs aux Pères jésuites. En outre, ils ont à cœur de disculper l'ancien clergé des reproches d'erreurs dans la foi, de principes outrés dans la morale, de rigidité excessive dans la conduite des âmes et de défaut de soumission aux lois de l'Eglise, à lui adressés par le même prélat. De cet ancien clergé ils faisaient justement partie, en sorte que leur plaidoyer était, en réalité, un plaidoyer *pro domo sua*.

Par « ancien clergé », les auteurs de la Lettre entendaient le clergé formé sous l'épiscopat de M. de Caylus. Or, s'il est un clergé qui mérite qu'on lui applique les « notes » susdites, c'est bien celui-là, nul autre ne s'étant fait remarquer au même degré par sa ferveur janséniste, et il n'y a pas de doute que le successeur de M. de Condorcet n'ait été de cet avis.

(1) Page 29.

(2) *Requêtes ou Lettres de 101 curés*, etc. Page 2 de la *Lettre* et p. 50 du Recueil.

(3) *Lettre de deux curés du diocèse d'Auxerre à Mr leur évêque*. In-12 de 14 pages. Page 57 du Recueil.

Nous relevons encore deux autres *Lettres* d'adhésion, l'une émanant du chapitre de la collégiale de Sainte-Eugénie de Varzy (1), et l'autre de trois chanoines de Donzy (2). « Membres du même clergé, disent les premiers, les vœux exprimés par les signataires du *Mémoire* sont les nôtres ».

La même année (1764), M. de Cicé reçoit une autre Requête signée de « plusieurs curés » tant de la ville que du diocèse d'Auxerre. Les signataires lui dénoncent les ouvrages des jésuites Hardouin et Berruyer (3). Ces curés appartenaient à l'« ancien clergé ». C'était la « vieille garde » qui, implacable dans son obstination, refusait de désarmer et continait la lutte à outrance contre l'ennemi juré (4).

La brochure contenant les divers documents que nous venons de citer se termine par cette réflexion mélancolique de l'éditeur et qui trahit un membre de l'« ancien clergé » : « Ce petit recueil est d'autant plus précieux qu'il peut être regardé comme le dernier soupir d'un clergé qui s'éteint insensiblement et qui n'est remplacé que par des sujets bien plus capables de ravager la Vigne du Seigneur que de la cultiver ».

(1) *Lettre du Chapitre de Varzy à Mgr l'évêque d'Auxerre.* — In-12 de 5 pages. Janvier. 1764. La Lettre est signée : Lechantre, trésorier, chanoine et chapelain de la collégiale ; Regnard, chantre, président du chapitre ; Hausset, trésorier et archiprêtre du diocèse ; Louis Tallot, prêtre, tant en son nom qu'en celui de M. François Bradel, bachelier en théologie, chanoine honoraire de Sainte-Eugénie, comme fondé de sa procuration en date du 9 janvier 1764, passée à Paris, par devant Langlard et Varin, notaires ; J. Crignon, Le Bois de la Marinière, Gibert, prêtre ; Pierre Colbert, chanoine honoraire et chapelain ; N.-J. Tallot, chanoine, secrétaire.

(2) *Lettre de trois chanoines de Donzy à Mgr l'évêque d'Auxerre.* Les trois chanoines signataires sont : Gondier, Harasse et Regnard. Quant à la lettre, elle porte la date du 30 mars 1764.

(3) *Dénonciation des ouvrages des FF.* (sic) *Hardouin et Berruyer,* ci-devant (la Compagnie de Jésus avait été supprimée trois ans auparavant) *soi-disant jésuites, des* ASSERTIONS, *faite par plusieurs curés de la ville et du diocèse d'Auxerre.* In-12 de 35 pages, 1764 [s. l.].

(4) Parmi eux, nous avons à citer un certain nombre de titulaires de paroisses devenues nivernaises. C'étaient : Voille de Villarnoux, curé de Bouhy ; Perrin, curé de Sainte-Colombe-les-Bois ; Michel, curé de Bagneaux, paroisse située sur le territoire de Donzy ; Lecomte, curé d'Argenou ; Guérin, curé de Marcy ; Bardin, curé d'Annay ; Eury, curé d'Arquien (on prononçait ainsi à l'époque, et cette prononciation s'est conservée jusqu'à nos jours) ; Fusier, curé de Bitry ; Cordier, prieur-curé de Ciez ; Petit, curé de Couloutre ; Vacher et Julien, ces deux derniers membres du chapitre de la collégiale de Saint-Martin de Clamecy.

Le jugement porté sur le « nouveau clergé » est loin, certes, d'être flatteur ; mais on aurait tort de le prendre à la lettre et de le croire mérité. Ce nouveau clergé, élevé dans des principes et des doctrines autres que les principes et les doctrines strictement jansénistes, n'était plus guère janséniste, si tant est qu'il le fût encore ; à tout le moins, son jansénisme avait cessé d'être militant. Il comprenait que l'état de guerre ne pouvait durer indéfiniment et qu'à ces luttes intestines entre représentants de la même cause, entre soldats de la même armée, la religion non seulement ne gagnait rien, mais perdait beaucoup. Au reste, la suppression récente de la Compagnie de Jésus (1762), en faisant disparaître un des antagonistes, les rendait désormais à peu près sans objet. Mais leur état d'esprit empêchait les membres de l'ancien clergé de s'élever à ces considérations. Au jugement de ces sectaires, de quoi un tel clergé pouvait-il bien être capable, sinon de « ravager la Vigne du Seigneur » ?

Les pauvres gens ! Grand eût été leur étonnement si on leur eût dit — ce qui pourtant était l'exacte vérité, nous le montrerons plus loin — que c'était eux-mêmes qui, par leur attachement aux doctrines jansénistes, ravageaient, pour répéter l'expression de l'un d'eux, la Vigne du Seigneur.

VIII. — Etat religieux de cette partie du diocèse

Nous avons pensé qu'une statistique établissant dans quelle mesure, aux XVII° et XVIII° siècles, les sacrements étaient fréquentés serait précieuse pour l'histoire du Jansénisme dans le diocèse de Nevers. La dresser pour le diocèse tout entier nous eût été difficile, sinon impossible, les éléments indispensables pour un tel travail faisant défaut ; mais existeraient-ils, qu'il serait fastidieux de l'entreprendre dans des proportions aussi vastes. Nous nous sommes borné à la partie auxerroise, celle du reste qui offre le plus d'intérêt, comme ayant souffert davantage de cette hérésie. Pour dresser la statistique dont nous parlons, nous avons dépouillé les procès-verbaux manuscrits des visites épiscopales des derniers évêques d'Auxerre, procès-verbaux conservés, les uns aux archives de la Nièvre, les autres à celles de l'Yonne ; c'est à eux que nos chiffres sont empruntés. On ne saurait, est-il besoin de le faire observer, souhaiter de source plus sûre ; ce sont des chiffres officiels. Ces procès-verbaux nous fournissent mieux que des chiffres : comme ils touchent autant à l'histoire qu'à la statistique, ils ont l'insigne mérite de nous faire pénétrer dans l'intimité de la vie ecclésiastique et de substituer une véracité absolue, étant pris sur le vif, au décorum de commande des documents diplomatiques. C'est là ce qui en augmente encore l'intérêt et la valeur.

Ces visites furent faites, en 1685 et 1688, par André Colbert ; en 1709, par Charles de Caylus ; en 1767 et 1774, par Jean-Baptiste-Marie Champion de Cicé. Les chiffres qui en sont extraits, joints à d'autres renseignements puisés aux archives de l'Yonne, nous permettront, en outre, de tracer un tableau d'ensemble de l'état religieux dans l'ancien diocèse d'Auxerre.

Des procès-verbaux de la visite faite en 1685 par André Colbert, nous extrayons ce qui suit :

Menestreau. — Quatre-cents âmes, « dont il y a deux-cent-cinquante communiants (1) qui tous ont fait leurs pâques, à la réserve de (espace laissé en blanc) que le sieur curé nous a nommés en particulier ».

Cette abstention provoqua l'ordonnance suivante : « Ordonnons que ceux qui n'ont pas fait leurs pâques seront tenus de les faire dans la fête de la Nativité de la Vierge, qui sera le huitième de septembre (la visite avait lieu le 15 août), sinon et faute de ce faire, ils seront poursuivis en notre officialité par notre promoteur ».

Des ordonnances de ce genre sont une preuve de la puissance exercée encore à cette époque par l'Eglise catholique.

A *Couloutre*, tout le monde, cette année-là, a fait ses pâques. De même à *Colméry*, à la réserve d'un M. de Bizy, gentilhomme demeurant à Malicorne (2). De même à *Garchy*, à l'exception de deux personnes nommément désignées.

---

(1) Par cette expression en usage dans les procès-verbaux, il faut entendre non les personnes qui communient effectivement, mais toutes celles qui sont en âge de communier.

(2) Hameau de la paroisse.

A *Chasnay*, aucune exception n'est signalée. Seulement le curé observe que ses paroissiens « ont fort peu de dévotion, venant fort peu à l'église, au point qu'il s'est parfois trouvé seul aux vêpres, et s'approchant très rarement des sacrements ». « Ce qui nous a paru dans notre visite, poursuit l'évêque, ne s'étant présenté à la communion que huit ou dix personnes, et à la confirmation dix ou douze, et environ vingt femmes *(sic)*, les autres n'ayant pas été à confesse et n'étant point instruits des principaux mystères de la religion ».

A *Arbourse*, paroisse de deux-cent-soixante communiants, tous ont fait leurs pâques. Par contre, au témoignage du curé, ils sont, comme à Chasnay, « fort indévots, s'approchant peu des sacrements ».

A *Nannay*, paroisse de deux-cents communiants, tous ont fait leurs pâques.

De même à *Cessy* et à *Murlin*. L'évêque s'applaudit d'avoir, dans cette dernière paroisse, « donné la sainte communion et le sacrement de confirmation à un grand nombre de personnes ».

Sainte-Colombe. — Deux-cents communiants. Tous ont fait leurs pâques.

Les deux-cent-quatre-vingts communiants que compte la paroisse de *La Celle-sur-Nièvre* ont tous fait leurs pâques, à l'exception du nommé Michel Bernard, qui est en procès et inimitié avec son frère, domicilié sur la paroisse de Chasnay. Il est enjoint au premier de les faire au plus tard à la Toussaint (on était au 2 septembre), faute de quoi il sera poursuivi devant l'officialité diocésaine.

A *Châteauneuf*, la paroisse compte de douze à treize-cents âmes dont huit-cents communiants qui tous ont rempli leur devoir pascal, à l'exception « du sieur Descombes, gentilhomme, lequel, à ce que le sieur curé nous a dit, alla, environ la fête de l'Assomption dernière, se confesser et communier aux Récollets de Clamecy, sans permission ».

Entrains.— Paroisse de dix-neuf-cents âmes dont six-cents communiants qui ont tous fait leurs pâques.

A *Sainte-Croix de la Charité*, tous les communiants, au

nombre de trois-cents, sur une population de douze-cents âmes, ont fait leurs pâques. Plusieurs fréquentent les sacrements. « Tous les soirs, le sieur curé fait la prière, suivie d'une méditation en trois points, dans une chapelle ». Ce détail prouve l'existence, dans la paroisse, d'éléments de piété et d'un foyer de vie chrétienne.

Ce qui suit est emprunté à la visite faite par le même prélat en l'année 1688.

Perroy. — Tout le monde a rempli son devoir pascal.

Varennes-les-Narcy. — Paroisse de trois-cent-cinquante âmes faisant cent-cinquante communiants qui tous ont satisfait au devoir pascal.

Bulcy. — Paroisse de cent-vingt communiants qui tous ont rempli leur devoir pascal, à l'exception de deux, ajournés par le curé qui ne les a pas trouvés suffisamment instruits.

Pouilly. — Quinze-cents âmes, soit mille communiants, lesquels ont tous satisfait au devoir pascal, « excepté un, ajourné par le curé ». Autre détail intéressant : « On y fréquente les sacrements. Les jours de grande fête, on compte de deux à trois-cents communions ». Trois ans auparavant, une confrérie du Saint-Sacrement avait été établie dans la paroisse.

Par contre, à *Mesves*, paroisse voisine, on ne fréquente pas les sacrements. C'est le curé lui-même qui s'en plaint à l'évêque. « Il y a seulement, dit-il, quarante ou cinquante personnes qui s'en approchent à Pâques ».

Saint-Andelain. — La paroisse compte environ cinq-cents âmes qui font trois cent-cinquante communiants, lesquels ont tous rempli leur devoir pascal (1).

---

(1) En l'année 1705, dans tout l'archiprêtré de Luzy, diocèse d'Autun, composé de vingt-quatre paroisses, un seul individu a omis son devoir pascal. A Rouy, diocèse de Nevers, en 1775, sur 1050 habitants, le curé de l'époque, Tirode, accuse 605 communions pascales. En 1782, dans la même paroisse, le nombre des communions pascales est de 689, sur 1155 habitants. Nous relevons encore cette déclaration faite par le curé : « Le nombre des enfants qui se confessent et ne sont pas encore reçus à la communion est de 220 (*Registre paroissial*).

D'autre part, le procès-verbal de la visite faite à Millay, même diocèse, en 1702, consigne que plusieurs paroissiens n'ont pas fait leurs pâques. (Arch. de Mâcon, *Procès-verbaux de visites*).

On lit au procès-verbal de la visite pastorale faite à *Clamecy*, par M. de Caylus, en 1709 : « Nous n'avons trouvé qu'un très petit nombre d'enfants disposés à recevoir le sacrement de confirmation ». S'il n'y en avait qu'un très petit nombre, cela ne vient-il pas de ce qu'on s'était montré trop sévère pour les autres ?

Breugnon. — « Il y a, dit le curé dans un *Mémoire* remis à l'évêque, peu de personnes qui ne se soient présentées à confesse au temps de Pâques, mais il y en a bien qui sont très négligents à se mettre en état de faire comme il faut leur communion pascale ». Ceux-là avaient été ajournés.

La Chapelle Saint-André. — Le curé accuse plus de quatre cents communiants, sur une population de mille à douze cents âmes.

A *Cuncy-les-Varzy*, deux individus n'ont pas fait leurs pâques. De là cette ordonnance : « Ordonnons aux nommés Mouflet et Jean Siméon de satisfaire incessamment au devoir pascal, sinon leur déclarons que l'entrée de l'église leur sera fermée, et que, s'ils meurent, leurs corps seront privés de la sépulture ecclésiastique ».

A *Notre-Dame-du-Pré-les-Donzy*, il y a environ mille communiants qui accomplissent leur devoir pascal à l'église collégiale de Saint-Caradeuc de Donzy ; toutefois, plusieurs personnes n'ont pas satisfait à ce devoir.

Dans un *Mémoire* remis par le curé de *Saint-Quantin* au même prélat, M. de Caylus, on lit : « Les pères et mères et maîtresses sont fort négligents à envoyer leurs enfants au catéchisme, ce qui oblige de les renvoyer au confessionnal (il voulait dire : lorsqu'ils se présentent au confessionnal), et même à la pâque, et de n'en point recevoir à la première communion qu'ils ne soient bien instruits, quelque grands et âgés qu'ils soient ». Cette conduite sévère dut avoir l'approbation de l'évêque janséniste.

Des procès-verbaux d'une visite pastorale faite en 1767, par M. Champion de Cicé, nous extrayons les renseignements suivants :

A *Surgy*, l'évêque donne le sacrement de confirmation et célèbre la messe, à laquelle un grand nombre de fidèles de l'un et l'autre sexe reçoivent de ses mains la sainte communion.

Paroisse *Saint-Jacques de La Charité.* — « Nous a dit le sieur curé que ladite paroisse renferme deux mille quatre cents habitants (1) dont environ neuf cents communiants qui tous satisfont à leur devoir touchant la confession annuelle et la communion pascale, à l'exception de quelques-uns qui sont dans l'habitude de ne point le faire, lesquels sont en très petit nombre, et qu'il se réserve de les faire connaître en particulier ».

Paroisse Saint-Pierre (La Charité). — « Environ mille à onze cents habitants sur lesquels il y a environ cinq cents communiants qui tous satisfont à leur devoir touchant la confession annuelle et la communion pascale, à l'exception d'un très petit nombre que le sieur curé espère y ramener incessamment ».

Paroisse Sainte-Croix (La Charité). — « Quatre mille habitants environ, et environ douze cents communiants qui tous satisfont à leur devoir pascal, à l'exception d'un très petit nombre que le sieur curé se réserve de nous faire connaître ».

A *Mesves*, le curé était sans doute plus sévère ou les paroissiens moins fervents, car le procès-verbal de la visite de 1771 consigne qu' « il y a cinq ou six personnes au-dessus de vingt ans qui n'ont pas encore fait leur première communion ». Lors de la visite faite à *Clamecy* (2), en 1774, le curé dépose que, dans la paroisse, il y a bien douze cents personnes qui n'ont pas été confirmées. En outre, il se plaint « que les peuples ne sont point assidus aux instructions, que les parents négligent d'envoyer leurs enfants au catéchisme ».

---

(1) En 1683, on accuse une population de douze cents âmes ; en l'espace de moins d'un siècle, elle avait donc doublé.

(2) Cette visite fut faite par un vicaire général d'Auxerre, Jean-Louis Vaultier. Le rédacteur du procès-verbal note que la paroisse compte trois mille communiants et qu'il s'y trouve huit jeunes gens qui se destinent à l'état ecclésiastique ; il cite leurs noms. Parmi eux figure Jean-François Parent, qui deviendra, plus tard, curé de Riz, et, sous le nom de Bias Parent, jouera, à Clamecy, pendant la Révolution, un rôle odieux. Il était alors clerc tonsuré et avait achevé ses études.

De plus, on ne se fait « aucun scrupule de manquer aux offices de la paroisse. Les jours de dimanche et de fête se passent en festins et en jeux, et, sur ce point, les enfants suivent l'exemple de leurs parents. Ces mêmes jours, on travaille sur le port et dans les rues ; on fait des charrois. Dans presque tous les quartiers, il y a des danses qui durent, surtout en hiver, fort avant dans la nuit ; les cabarets sont pleins toute la journée et même pendant les offices. On assiste avec peu de modestie au service divin ». Ce n'est pas tout. « Près de la moitié de la paroisse manque au devoir pascal, principalement dans la classe bourgeoise. Il y a des personnes qui n'ont pas satisfait à ce devoir depuis vingt ans. Beaucoup de jeunes gens âgés de vingt ans et plus n'ont pas encore fait leur première communion, et des personnes mariées se trouvent dans le même cas ».

Le jansénisme, on le voit, produisait ses fruits. Il n'était pas le seul coupable : les querelles doctrinales dans lesquelles jansénistes et anti-jansénistes se trouvaient aux prises n'avaient pas peu contribué, de leur côté, à amener ce résultat. Il y faut joindre le philosophisme, lequel, se greffant sur le tout, faisait de grands ravages dans la bourgeoisie et la noblesse.

M. de Cicé fut sans doute frappé et alarmé de cet état de choses, car il rendit aussitôt cette ordonnance sévère et pressante, applicable à la paroisse visitée : « Exhortons tous les fidèles à vivre de manière qu'ils puissent approcher souvent et avec les dispositions requises de la Sainte Communion ; leur recommandons instamment de satisfaire aux préceptes de la confession annuelle et de la communion pascale, et au sieur curé d'avertir tous ceux qui manquent à ce devoir de se mettre en état d'y satisfaire, lui enjoignons de nous les dénoncer, notamment ceux qui, dans un âge avancé, n'ont pas encore fait leur première communion, à l'effet de prendre par nous les mesures nécessaires pour faire cesser ce scandale, et, après les monitions prescrites, de prononcer contre eux, s'il y a lieu, les peines portées par les saints canons »

Cette ordonnance, le prélat la renouvelle ailleurs dans les mêmes termes, ayant à remédier aux mêmes abus. Ainsi fait-il pour Entrains, au cours de la visite pastorale qui eut lieu en 1785, avec cette différence toutefois que là, il y ajoute cette prescription trop justifiée : « Et comme un très grand nombre néglige depuis longtemps de remplir un devoir aussi sacré (celui de la communion pascale), Nous ordonnons aux sieurs curé et vicaire, les trois premiers dimanches qui suivront la réception de notre présente ordonnance, au prône de la messe paroissiale, la lecture du canon *Omnis utriusque sexûs* du quatrième concile de Latran ».

La cérémonie de la première communion solennelle qui eut lieu à Entrains, paroisse urbaine (il y avait deux paroisses), en cette année 1774, sous le curé alors en exercice, Jean-Pierre Chevau, comprenait « trente jeunes gens » — il n'est pas question d'enfants — dont le plus jeune avait quinze ans et le plus âgé vingt-six (1).

Pourtant certains faits tendraient à démontrer que les populations avaient une grande dévotion envers le Saint-Sacrement. Ainsi, de 1685 à 1774, pour la partie auxerroise rattachée au diocèse de Nevers, nous avons relevé l'existence de dix-huit confréries du Saint-Sacrement (2). A Clamecy, l'« adoration perpétuelle » fut même établie — nous ne saurions dire ni comment ni dans quelle mesure — pendant un certain temps. Mais, dans cette dévotion, il y avait, semble-t-il, plus de crainte révérentielle que d'amour véritable. Or, si l'amour attire et appelle l'union, la crainte tient à distance (3).

Parlant de ce que fut, au cours du xviiie siècle, la fréquentation des sacrements, un auteur nous paraît avoir assez bien exposé la situation ; ses observations peuvent s'appliquer, d'une façon générale, au diocèse de Nevers : « Dans telle paroisse, beaucoup de fidèles communient tous les jours, et leur pasteur en est arrivé à leur faire presque un précepte

(1) BAUDIAU, *Entrains*, 1879, p. 174.

(2) Arch. de la Nièvre et de l'Yonne. Procès-verbaux des visites pastorales des évêques d'Auxerre André Colbert, Charles de Caylus et Campion de Cicé, *passim*.

(3) Nous avons pensé qu'il serait intéressant de comparer le nombre des communions pascales que les paroisses ci-dessus désignées comptent en ce commencement de vingtième siècle avec celui qu'elles comptaient vers le milieu du dix-huitième, ce qui serait facile au moyen d'une statistique semblable à celle que les procès-verbaux des visites pastorales des évêques d'Auxerre nous ont permis de dresser. Cette statistique, nous avons pu l'établir

de cette assiduité, malgré l'affection au péché véniel, sous peine d'être réputés jansénistes. Là, au contraire, il y avait des chanoines encore imbus des principes d'Arnaud qui ne célébraient la messe que lorsque leurs fonctions hebdomadaires les appelaient à chanter la grand'messe (1) ».

L'auteur eût pu ajouter qu'il n'était pas rare de voir des personnes assister à la messe tous les jours et s'abstenir de faire leurs pâques.

Certains curés, comme celui de Neuvy, Gaucher, par exemple, devaient pousser à la communion fréquente, au

en recourant aux chiffres officiels envoyés à la chancellerie de l'évêché de Nevers par MM. les curés du diocèse. En rapprochant les deux statistiques l'une de l'autre, on se rendra compte de l'écart qui existe entre elles. En outre, cette confrontation permettra de juger jusqu'à quel degré la foi s'est maintenue dans ces paroisses, et, par extension — d'une façon au moins générale — dans tout le diocèse.

	Hommes et Jeunes gens	Femmes et Jeunes filles	Totaux
Menestreau (1909)	4	45	49
Couloutre (1909)	17	65	82
Chasnay (1906)	9	48	57
Colméry (1909)	13	162	175
Arbourse (1906)	10	58	68
Nannay (1906)	7	73	80
Cessy (1909)	11	47	58
La Celle-sur-Nièvre (1906)	6	38	44
Châteauneuf (1909)	42	290	332
Entrains (1906)	30	250	280
La Charité (1909)	70	600	670
Perroy (1909)	25	92	117
Varennes-les-Narcy (1909)	»	»	40
Bulcy (1906)	8	52	60
Pouilly (1912)	60	304	364
Mesves (1906)	20	162	182
Saint-Andelain (1906)	36	165	201
Clamecy { Saint-Martin (1909)	100	600	700
Clamecy { Béthléem (1906)	33	250	283
Rix (1906)	2	25	27
Breugnon (1909)	14	72	86
Cuncy-les-Varzy (1909)	11	50	61
Donzy (1910)	88	432	520
Saint-Quantin (1906)	6	53	59
Surgy (1906)	7	62	69
Murlin (1906)	2	26	28
Garchy (1906)	28	100	128

(1) CORBLET, *Histoire du Sacrement de l'Eucharistie*, 1885-1886, t. I, p. 116.

risque d'excéder, ne fût-ce que par réaction contre la conduite de leurs confrères jansénistes. En revanche, d'autres, à l'imitation du curé de Champlemy, Nombret, éloignaient les fidèles de la Table Sainte. Mais les premiers, à notre avis, constituaient seulement la minorité ; la généralité était imbue des doctrines de la secte et s'inspirait, en morale, de leur rigorisme (1).

(1) De ce rigorisme, des restes subsistèrent jusqu'à une époque assez rapprochée de la nôtre. Dans un précédent paragraphe, nous avons cité l'exemple de M. Chauveau, ancien curé de Dornecy ; en voici d'autres :

A Trucy (le fait se passait vers 1825), une jeune fille, pour avoir, avec d'autres, exécuté des « rondes » au bras de son fiancé autour du « feu de joie » que, chaque année, il était d'usage d'allumer le premier dimanche de carême, dénommé, pour ce motif, *dimanche des brandons*, se vit imposer, comme pénitence, l'obligation de réciter les sept psaumes de la pénitence, à genoux, et au lieu même où elle avait dansé.

Le fait nous a été rapporté par M. l'abbé C. Febvre, ancien curé de Challuy, fils des deux jeunes gens, unis, peu après, par les liens du mariage. Le curé était M. Guibelin.

Un des derniers curés d'Alligny, près Cosne, nous a raconté qu'un jour il exhortait un vieillard, son paroissien, à se confesser pour remplir son devoir pascal. « Me confesser ! s'exclama le bonhomme, pour me voir imposer des pénitences dans le genre de celle que nous donnait M. Deschamps (un ancien curé d'Alligny) ! (a) » « Figurez-vous, ajouta-t-il, qu'il nous condamnait à réciter cinquante chapelets. Oui, cinquante chapelets ! Aussi, pour en venir à bout, avec nos occupations, nous n'avions pas d'autre ressource que de les réciter tout en labourant, lorsque nous allions à la charrue. »

M. l'abbé Pasquier, dans son excellent ouvrage *Le Jansénisme* (p. 316), cite le cas d'un vieux curé breton, mort en 1906, qui fit revenir un jeune homme *dix-sept fois* à confesse avant de lui donner l'absolution.

En agissant ainsi, ces curés se conformaient aux prescriptions du Rituel auxerrois édité par M. de Caylus. En tête du chapitre qui a trait au sacrement de pénitence, il est instamment recommandé aux confesseurs de ne pas imposer de pénitences légères pour des péchés graves, et de faire en sorte que les pénitences imposées soient, de leur nature, médicinales. (b)

Dans le même Rituel on a eu soin d'insérer un « Abrégé des canons pénitentiaux », c'est-à-dire des pénitences ou épreuves prolongées auxquelles

(a) Deschamps Sylvain, né le 11 décembre 1769, nommé le 1er octobre 1803, à la cure d'Alligny, qu'il occupa jusqu'en 1829.

(b) Voici, au surplus, le texte du rituel :

Caveant (confessarii) diligenter ne pro peccatis gravibus leves pænitentias injungant, quod et confessariis et pænitentibus periculosum est... Et vero qui peccatis gravibus leves imponunt pænitentias, ii consunt pulvillos, secundum propheticum sermonem.. Concilium Tridentinum docet eos confessarios qui dum indulgentias agunt cum pænitentibus, levissima quædam opera pro gravissimis delictis injungunt, alienorum peccatorum participes effici. (Liber ritualis, Pars 1º, p. 91.)

IX. — Conséquences du Jansénisme

Nous venons d'indiquer jusqu'à quel point, aux XVII° et XVIII° siècles, les sacrements étaient fréquentés dans cette partie du diocèse qui nous occupe : on fait ses pâques, et encore, au déclin du XVIII° siècle, ce devoir essentiel est-il omis, dans certaines paroisses au moins, par bon nombre de fidèles ; mais, d'une manière générale, en dehors du devoir pascal, on s'approche rarement des sacrements. D'étape en étape, l'abandon des sacrements conduisit à l'abandon de toute pratique religieuse. Ainsi, Paris devint très vite anti-religieux. Dès 1753, d'Argenson, alors lieutenant de police, écrit : « La perte de la religion ne doit pas être attribuée à la philosophie anglaise qui n'a gagné à Paris qu'une centaine de philosophes, mais à la haine contre les prêtres qui va au dernier excès. A peine osent-ils se montrer dans les rues

étaient soumis primitivement les pécheurs avant d'être admis à la réconcilia-tion, et les curés devaient en donner lecture à leurs paroissiens chaque année, au prône, le premier dimanche du carême. Dans quelle intention ? On n'a pas de peine à le deviner ; elle est d'ailleurs clairement exprimée :

« Et puisque l'esprit de l'Eglise ne change point, il faut encore aujourd'hui que les pécheurs, loin de se plaindre quand on leur diffère l'absolution dans le même esprit, souhaitent et demandent eux-mêmes qu'on ne précipite rien dans une affaire si importante et qu'on leur donne tout le temps nécessaire pour être éprouvés et s'éprouver eux-mêmes, et pour conduire l'ouvrage de leur conversion au point de maturité et de solidité où il doit être, afin que Dieu ratifie dans le ciel ce que ses ministres auront fait sur la terre et qu'il délie ce qu'il auront délié. Voilà, mes Frères, conclut l'avertissement, l'usage que vous devez faire et le fruit que vous devez recueillir de ces canons dont vous allez entendre la lecture. (c) »

A Alluy, vers 1860, le curé, M. Bonamour, s'absentait régulièrement de sa paroisse chaque année, pendant la quinzaine pascale, en dehors du dimanche, et cela, afin de n'avoir pas à entendre les confessions de ses paroissiens qui toutes, affirmait-il, étaient sacrilèges. Au nombre de ses ouailles, se trouvait une jeune fille admise, comme institutrice, dans la famille d'un des notables de l'endroit. Cette jeune fille, qui était fort pieuse, communiait plusieurs fois la semaine. M. Bonamour lui en exprima un jour son étonnement. « Made-moiselle, lui dit-il, quand on communie aussi souvent que vous le faites, on ne reste pas dans le monde. » Au jugement de ce bon curé, la pratique de la communion fréquente et la vie séculière étaient inconciliables.

(c) Pars 2°, p. 25.

sans être hués... Ceux qui paraissent en habit long ont à craindre pour leur vie. La plupart se cachent ou paraissent peu. On n'ose plus parler pour le clergé dans les bonnes compagnies ; on est honni et regardé comme des familiers de l'Inquisition. Les prêtres ont remarqué cette année une diminution de plus d'un tiers dans le nombre des communiants. Le collège des jésuites (1) devient désert ; cent-vingt pensionnaires leur ont été retirés. On a observé aussi, pendant le carnaval de Paris, que jamais on n'avait vu tant de masques au bal contrefaisant les ecclésiastiques, en évêques, abbés, moines, religieuses ; enfin, la haine contre le sacerdoce et l'épiscopat y est portée au dernier excès (2). »

Vers 1855, à Saint-Amand-en-Puisaye, de braves paysans déclarent franchement à leur curé, l'abbé Millet, qui eut soin de le consigner au registre paroissial, qu'ils n'aiment ni la religion ni les prêtres, et cet état d'esprit, M. Millet n'hésite pas à l'attribuer au jansénisme, « la paroisse, observe-t-il, ayant été travaillée, au siècle précédent, par le jansénisme le plus exalté. »

Nous l'avons dit ailleurs et nous le répétons ici : les doctrines jansénistes et les luttes théologiques auxquelles elles donnèrent naissance, luttes qui remplirent la fin du xvii siècle et la première moitié du xviii, telles sont les principales causes de l'affaiblissement de la foi que nous avons la douleur de constater. « Les interminables querelles des molinistes et des jansénistes, des acceptants et des appelants, des visionnaires et des convulsionnaires, la chasse aux billets de confession finirent par tuer la foi dans le cœur d'un grand nombre d'hommes. Le bien réalisé par l'Église restait considérable dans le corps ecclésiastique, mais passait inaperçu, tandis que la niaiserie et l'extravagance s'étalaient au grand jour, et plus d'un homme raisonnable haussait les épaules devant les invectives des deux partis en se disant : « Ces gens-là sont aussi fous les uns que les autres (3). » A cela aussi, sans nul doute, est due l'impopularité qui s'attachait au clergé et que signalait d'Argenson.

---

(1) Collège de Clermont, aujourd'hui Louis-le-Grand.
(2) Cité par DESDEVISSES DU DEZERT, l'Église et l'État (1906), t. I, p. 212.
(3) Idem opus, t. I, p. 195.

Il est naturel que l'ardeur polémique soit d'autant plus grande que la matière discutée est d'un ordre plus relevé et plus grave. C'est ce qui rend les luttes théologiques — aussi bien que les discussions politiques — si passionnées.

Dans ces luttes, les tenants de l'orthodoxie s'employèrent parfois, de très bonne foi, sans nul doute, à discréditer les tenants du jansénisme, quels qu'ils fussent, sans souci de la dignité et du caractère dont certains étaient revêtus. Tactique bien séduisante, mais fort dangereuse, en somme, car elle n'aboutissait à rien de moins qu'à saper le principe même de l'autorité, ce qui ne se fait jamais impunément. Eh quoi ! dira-t-on, ne s'agit-il pas d'hérétiques ? Peut-être ; mais alors la chose n'était pas aussi évidente qu'elle l'est aujourd'hui. Et nous ferons observer que ces hérétiques présumés étaient des curés, des évêques, revêtus, comme tels, du caractère sacerdotal ou épiscopal, et toujours en communion avec l'unité catholique ; il s'ensuivait que le discrédit atteignait le corps tout entier et non pas seulement tel ou tel de ses membres (1). Et, sans parler de cette conséquence, on peut en signaler d'autres, celle-ci, par exemple : on vit des personnes, ignorantes ou mal instruites, aimer mieux mourir sans sacrements que de les recevoir de la main d' « hérétiques » (2).

Mais, dans l'Eglise, les hommes supérieurs par l'esprit et

(1) Qu'on nous permette de citer encore les deux faits suivants :

A Auxerre, en 1731, le premier jeudi de carême, deux jésuites du collège venus pour assister au sermon prêché à la cathédrale, ce jour-là, se hâtèrent de sortir aussitôt le sermon terminé, uniquement pour ne pas recevoir la bénédiction que l'évêque avait coutume de donner après chaque prédication, et deux autres de leurs confrères, qui étaient restés, affectèrent de demeurer debout, droit en face du prélat bénissant, tandis que l'assistance tout entière, clergé et fidèles, était à genoux. (*Nouvelles ecclésiastiques*, n° du 3 juin 1731.)

A Cosne, en 1760, à l'occasion du jubilé accordé au monde catholique, pour cette année-là, par le pape Clément XIII, le curé anti-janséniste de Saint-Agnan se fit dispenser, par un des grands vicaires de M. de Condorcet, de l'obligation de conduire ses paroissiens à l'église Saint-Jacques, comme cela était prescrit pour gagner l'indulgence du jubilé, pour cette seule raison que son confrère de Saint-Jacques appartenait à la secte. (N° du 13 février 1760, p. 30.)

(2) « A Gien, plus des trois quarts des fidèles de la paroisse Saint-Louis n'assistent point à la messe de leur église, refusent d'y faire leurs pâques et ne veulent pas même recevoir à la mort les derniers sacrements de la main de leur curé » [janséniste]. (*Nouv. eccl, loc. cit.*)

l'in'elligence déploraient les disputes qui divisaient le clergé de France et en gémissaient. Dans son *Oraison funèbre de Nicolas Cornet*, obligé, en quelque sorte, par son sujet, d'y faire allusion, Bossuet proclamait déjà qu'il désirerait « voir ces malheureuses discussions ensevelies éternellement dans l'oubli et dans le silence ». « Quelle effroyable tempête, s'écrie-t-il, s'est excitée en nos jours touchant la grâce et le libre arbitre ! »

Un siècle après, Benoît XIV écrivait au cardinal de Tencin : « Qui n'est pas moliniste et de la morale relâchée a dès lors sa patente de janséniste, en sorte qu'il n'y a que les ignorants et ceux qui ne savent pas même leur catéchisme qui ne soient point suspects en matière de doctrine. Tout cela Nous embarrasse furieusement (1). »

Dans une autre lettre adressée au même il signalait « tant de patentes de jansénisme qui s'expédient à gens qui condamnent de tout leur cœur les propositions de Jansénius et toutes celles qui ont été condamnées, mais qui n'approuvent point une morale relâchée et telle que celle qui a été enseignée par les casuistes dans ces derniers temps (2). »

Il paraît que les *zelanti* qui partaient en guerre contre ceux qu'en se signant, ils appelaient « les nouveaux hérétiques », ne donnaient pas tous l'exemple d'une vie édifiante et qu'on pouvait relever chez plus d'un des défaillances morales. « Une des choses qui nous ont fait le plus de peine dans ces dernières affaires de la religion, mande le même pape à son correspondant, c'est de voir que quelques-uns du bon parti ont eu bien des vices, non seulement cachés, mais

(1) Lettre du 29 décembre 1742. — EMILE DE HEECKEREN, *Correspondance de Benoît XIV*, t. I, p. 20.

(2) Lettre du 17 mai 1743. — *Idem opus*, t. I, p. 55.

Les polémistes catholiques feraient bien de méditer ces sages paroles d'un de nos grands évêques de France : « Pour peu qu'on veuille réfléchir au caractère que tracent à la polémique chrétienne les préceptes de l'Évangile et les exemples des saints Pères, on reconnaîtra sans peine que rien ne nuit plus au triomphe d'une bonne cause que ce zèle aveugle qui enveloppe les personnes et les doctrines dans une haine commune, que la vérité a d'autant plus de prise sur l'erreur qu'elle sait se contenir dans la modération de sa force, et qu'enfin la justice n'accomplit tous ses devoirs que lorsque la charité conserve tous ses droits » (Mgr Freppel, *Œuvres*, t. II, p. 265.)

C'est, en somme, le commentaire du conseil donné par saint Augustin : *Interficite errores, parcite hominibus* : « Exterminez les erreurs, mais épargnez les hommes. »

publics, et que plusieurs de ceux du mauvais parti ou n'ont pas de semblables vices ou du moins ont su les cacher. Ce n'est point là un sujet ') tentation pour les personnes instruites ; mais les ignorants s'arrêtent à l'écorce et disent, quoique faussement, que la croyance de qui vit mal ne peut être bonne (1). »

Mᵐᵉ de Maintenon avait discerné clairement le péril dont ces divisions menaçaient l'Eglise de France. « Les prévisions les plus sombres, écrit M. d'Haussonville, reviennent sous sa plume. A plusieurs reprises elle parle de la possibilité d'un schisme. » Et le même historien ajoute avec raison : « Elle ne se trompait que de peu d'années, car tous ceux qui ont étudié l'histoire du clergé sous l'ancien régime sont d'accord pour dire que le jansénisme a préparé inconsciemment la Constitution civile de 1790 et que les évêques *appelants* ont été les précurseurs des évêques *jureurs* (2). »

Dans une lettre adressée au P. Le Tellier, Fénelon s'exprimait ainsi : « Tout semble nous menacer d'un schisme, tant les esprits sont hautains, aigris, artificieux et indociles (3). » Un autre contemporain, également témoin de ces luttes acharnées, écrivait, de son côté, en gémissant : « Tout est monté sur un furieux ton et un ton diabolique. Je ne sais comme ceci finira, mais je crains une catastrophe plus terrible et une suite d'événements qui me fait frémir, si Dieu n'y met la main (4). »

Cette catastrophe, on s'y acheminait graduellement ; les esprits observateurs et clairvoyants la tenaient pour inévitable. En 1785, le cardinal de Bernis, de Rome, où il était ambassadeur, écrivait au ministre des affaires étrangères, Vergennes : « Je suis vieux et je voudrais bien finir ma vie sans être témoin de la révolution qui menace le clergé et la religion même (5). »

(1) Lettre du 27 décembre 1753. (*Idem opus*, t. I, p. 106.)

(2) D'Haussonville, *Femmes d'autrefois, Hommes d'aujourd'hui* (Mᵐᵉ de Maintenon). On sait qu'un des pères de la Constitution civile est le janséniste Camus.

(3) *Œuvres*, édit. de 1838, t. III, p. 680.

(4) Baron de Bloy de Gaix, *Lettres de Jean de Fontanges, évêque de Lavaur*, (1749-1764). Paris, 1912, p. 153.

(5) Frédéric Masson, *Bernis*, p. 452, note 3. — Deux ans plus tard, le marquis de Mirabeau écrivait : « Ou je me trompe fort, ou la fin du siècle vaudra bien le commencement pour les révolutions. » (Lettre du 19 juin 1787 au bailli de Mirabeau, *Correspondant* du 25 janvier 1913, p. 268.)

Ah ! que jésuites et jansénistes, molinistes et rigoristes eussent été bien inspirés s'ils s'étaient souvenus, pour y conformer leur conduite, des paroles par lesquelles Bossuet termine l'oraison funèbre du P. de Bourgoing, troisième supérieur de l'Oratoire, issu d'une famille nivernaise ! Le grand orateur y adjure, en termes pressants, les membres de cette Société, dont plusieurs avaient pris parti, quelques-uns avec éclat, dans les luttes théologiques du temps : « Sainte Compagnie, éteignez ces feux de division, ensevelissez sans retour ces noms de parti. Laissez se débattre, laissez disputer et languir dans des questions ceux qui n'ont pas le zèle de servir l'Église : d'autres pensées vous appellent, d'autres affaires demandent vos soins (1). »

Il est certain que tant de forces vives gaspillées la plupart du temps en de vaines disputes eussent été mieux employées à combattre les athées et les déistes.

La diminution et la perte de la foi devaient fatalement suivre celles des pratiques religieuses. Pour constater cette conséquence finale du jansénisme, il n'y a qu'à considérer ce qu'est devenu l'ancien diocèse d'Auxerre — en s'en tenant à celui-là — cette Église qu'on appelait — titre longtemps justifié — « la Sainte Église d'Auxerre ».

La foi qui y était jadis si vivace et qui couvrit l'Auxerrois d'églises si belles, cette foi, hélas ! a disparu de la masse du peuple en train de retourner au paganisme. Au point de vue religieux, ce pays n'est plus guère qu'un désert ; on dirait qu'un vent de mort y a passé. Le dimanche, les églises sont vides ; quelques rares fidèles seulement, des femmes — les hommes n'en franchissent plus le seuil — y sont disséminés. Quand on y pénètre et qu'on voit l'humidité suinter des murs salpêtrés, les nefs sombres verdies de moisissures, où le pas résonne dans le silence lugubre, on éprouve un sentiment de mélancolique tristesse. On se rend compte qu'on est en présence d'un corps dont l'âme s'est retirée (2).

(1) *Oraison funèbre du P. de Bourgoing*, édit. Lebarcq, t. IV, p. 307.

(2) Nous sommes heureux de pouvoir corriger l'impression produite dans l'esprit du lecteur par ce tableau un peu sombre, en disant qu'un réveil de la foi est constaté ici et là dans cette partie du diocèse de Sens. C'est ainsi qu'un vénérable ecclésiastique retiré à Auxerre, où il a exercé autrefois le saint

C'est l'impression que, pour notre part, nous ressentîmes le jour où, à l'occasion de recherches nécessitées par le présent travail, il nous fut donné de visiter ces chefs-d'œuvre d'architecture que possède la ville d'Auxerre et qui s'appellent Saint-Étienne (ancienne cathédrale), Saint-Pierre, Saint-Eusèbe et Saint-Germain (ce dernier monument désaffecté) ; Saint-Étienne, avec son triple portail aux riches sculptures, qui rappelle celui de Notre-Dame de Paris ; Saint-Pierre, avec sa belle tour de style flamboyant ; Saint-Eusèbe, avec son si curieux clocher roman ajouré du xiᵉ siècle ; Saint-Germain, avec sa crypte et sa flèche en pierre, de la même époque, œuvres, l'une et l'autre, des moines qui habitèrent la célèbre et riche abbaye, vestiges glorieux d'une splendeur disparue.

En contemplant ces merveilles d'art, nous ne pouvions nous empêcher d'évoquer le passé. Nous reportant à deux ou trois siècles en arrière, nous voyions un peuple immense se presser dans leur enceinte et faire monter vers les voûtes sacrées l'accent ému de ses ardentes supplications. Ici, nous disions-nous, dans cette cathédrale, a pontifié, durant un épiscopat de cinquante ans, Mᵍʳ de Caylus ; là se dressait son trône ; ces cent vingt stalles — nous les avons comptées — étaient occupées par ses séminaristes et surtout par les membres de son vénérable chapitre, non moins fervents jansénistes que leur évêque. L'une d'elles, celle-ci peut-être, était la stalle du savant abbé Lebeuf. Au milieu de ce chœur, les jours de grande solennité, aux messes pontificales, se déroulait la pompe majestueuse des cérémonies, selon le rite auxerrois, auxquelles prenait part un personnel nombreux d'officiants : diacres, sous-diacres, chapiers, thuriféraires battant le chœur ; puis, comparant le passé au présent, nous disions, nous répétant à nous-même le mot de Bossuet : « Quel état et quel état ! » Or, le jansénisme est indubitablement, en très grande partie, responsable de la disparition presque totale de la foi dans ce pays de l'Auxerrois, autrefois si chrétien (1).

En vérité, c'eût été miracle que les populations demeurassent attachées aux vieilles croyances ; le jansénisme, bien que cela fût loin des intention- de ses sectateurs, semble avoir pris à tâche de les en détacher. Il a rendu rébarbative une religion toute de miséricorde et de pardon, et impossible, par son rigorisme outré, la fréquentation des sacrements (2). Or, abandonner les sacrements, c'est, pour le chrétien, abandonner la source de la vie, et telle fut la faute capitale des jansénistes : « Ils ont abandonné le Seigneur, la source des eaux vives. *Dereliquerunt venam aquarum viventium, Dominum* (3). »

Mais pourquoi ces populations, qui furent jadis si chrétiennes, ne le reviendraient-elles pas ? Certes, il est permis de l'espérer d'un clergé élevé dans les principes, soumis à une formation intellectuelle et initié à des méthodes autres que ceux de nos jansénistes. Ces derniers avaient assurément de grandes qualités ; mais ils étaient d'idées courtes et d'horizon borné. Il ne semble pas qu'au surplus ils fussent embrasés d'un zèle bien ardent. Ce zèle, ils l'avaient laissé, sinon s'éteindre, du moins s'amoindrir sensiblement ; par leur faute, les peuples croupissaient dans une ignorance religieuse profonde. Ils croyaient pouvoir se croiser les bras. Et pourquoi ne l'auraient-ils pas fait ? L'Etat n'était-il pas là pour protéger la religion ? Ne s'était-il pas chargé de ce soin ? Appuyé sur le trône, qu'avait à craindre l'autel ?

Il leur suffisait, pensaient-ils, d'attendre tranquillement leurs ouailles, sans avoir à courir à leur poursuite. Selon une comparaison parfaitement exacte, ils attendaient qu'elles

(1) Ce qui, selon nous, confirme cette assertion, c'est que l'Avallonnais, qui faisait partie du diocèse d'Autun, offre, au point de vue religieux, un contraste frappant avec l'Auxerrois.

(2) La seule crainte de se laisser aller à une légère impatience, faisait souvent omettre à de braves gens le devoir pascal, ce qui était l'indice d'une conscience erronée.

Bossuet n'avait pas manqué de dénoncer « les rigueurs très injustes de ces docteurs qui, ne pouvant supporter aucune faiblesse, traînent toujours l'enfer après eux et ne fulminent que des anathèmes. » « Quels excès terribles », ajoutait-il ! Ces « excès » ne tendaient pas à moins qu'à « rendre la vertu odieuse ». (*Oraison funèbre de Nicolas Cornet*).

(3) *Jerem.*, XVIII. 12.

vinssent à eux « comme le passeur attend, sur le rivage, en voyant couler l'eau, qu'un passant vienne monter dans sa barque ». Le résultat de cette méthode fut que celles qui restaient en dehors du bercail se trouvèrent, en fin de compte, beaucoup plus nombreuses que les autres. Ils s'en consolaient vraisemblablement en se disant que cette foule était vouée, par décret divin, à l'éternelle damnation et qu'ils avaient assez du petit troupeau des élus.

Au peuple qui souffrait et était opprimé, à l'infinie multitude des prolétaires qui subissaient un joug tyrannique, ils se contentaient de prêcher la résignation, sans chercher à apporter un remède à leurs maux ni à améliorer leur sort. Ils pratiquaient assez volontiers la charité, mais s'abstenaient de dénoncer les injustices sociales, plus nombreuses pourtant et plus criantes, en ce temps-là, qu'aujourd'hui. La société était ainsi faite : il n'y avait qu'à respecter l'ordre établi, sans prétendre à le modifier.

Nous l'avons dit, ces jansénistes étaient austères, mais d'une austérité chagrine qui, au lieu d'attirer, rebutait. Chez eux, on ne rencontrait pas assez la bonté qui gagne les cœurs. Joseph de Maistre a un joli mot pour les peindre : il les appelle des « sectaires mélancoliques ». On leur a reproché — et peut-être pas sans raison — un certain autoritarisme, qu'on attribuait à l'habitude d'une longue domination. Ne serait-ce pas là une des causes principales de l'impopularité qui, dans la suite, s'est attachée au clergé et pèse encore sur lui comme une robe de Nessus ?

Aujourd'hui, grâce à Dieu, il n'en va plus ainsi. Tout pénétré de la grandeur et de la sainteté de sa mission, comprenant qu'avant tout le prêtre doit être apôtre, le clergé de nos jours va au peuple, certes, pour lui prêcher les vérités éternelles — c'est sa grande raison d'être — mais aussi pour prendre en mains ses intérêts temporels ; son action est à la fois religieuse et sociale. C'est que, comme le proclamait naguère un des membres de notre épiscopat, « désormais le prêtre français serait inadéquat à sa tâchè, s'il se bornait simplement à être « l'homme du sanctuaire » (1). « Les apô-

(1) Mgr GUILLIBERT, évêque de Fréjus, *Lettre pastorale sur le recrutement et l'éducation ecclésiastique des aspirants au sacerdoce*, 1907, p. 12-13.

tres, ajoutait-il, ne sont pas du monde, mais ils sont dans le monde (1). »

Au dévouement et au zèle qui animent le clergé actuel est due cette floraison d'œuvres que, depuis un certain nombre d'années, nous voyons éclore de toutes parts dans notre pays. Chez les membres de ce clergé, chez ceux que nos devanciers jansénistes eussent appelé avec dédain le « nouveau clergé », rien de cet autoritarisme d'autrefois qui ne serait plus de mise à notre époque, si tant est qu'il l'ait jamais été. Aussi bien n'est-ce pas là l'esprit de l'évangile, l'esprit de Celui dont ils sont les représentants ici-bas et qui a dit : « Je ne suis pas venu pour être servi, mais pour servir (2). » Ils vont au peuple parce qu'ils l'aiment ; ils vont à lui pour se dévouer, pour soulager ses misères.

Faire, ou plutôt refaire la conquête du peuple — la conquête des âmes ! Une tâche aussi ardue et aussi vaste ne saurait être pour rebuter cette éternelle recommenceuse qu'est l'Église catholique. Au reste, si le monde n'est pas, dès aujourd'hui, condamné, c'est d'elle, c'est de la religion dont elle est l'organe et qu'elle a reçu mission de prêcher « que sortiront les renaissances de l'avenir » (3). Déjà, le nouvel apostolat commence à produire ses fruits : çà et là, dans les villes principalement, au sein de la jeunesse et dans les sphères intellectuelles, il s'opère un réveil de la vieille foi ancestrale (4). Chez les catholiques pratiquants, on constate un renouveau de vie chrétienne. La France retourne au Christ ; c'est « le blé qui lève ».

(1) *Joan.*, XVII, 11 et 16.
(2) *Matth.*, XX, 28.
(3) Louis Bertrand, *Saint Augustin*, 1913, in-12, *in finem* (avant dernière page), ou *Revue des Deux-Mondes*, livraison du 15 juin 1913, p. 793.
(4) Dans le discours prononcé par lui, sous la coupole de l'Institut, le 22 janvier 1915, à l'occasion de la réception comme membre de l'Académie française, de M. Émile Boutroux, M. Paul Bourget faisait entendre les paroles suivantes :

« Voici que des générations se lèvent pour qui le ciel est de nouveau peuplé d'étoiles, des générations dont leurs meilleurs témoins nous apprennent qu'elles se sont reprises à croire, sans cesser de savoir, des générations qui se rattachent résolument, consciemment à la tradition philosophique et religieuse de la vieille France. »

PIÈCES JUSTIFICATIVES

PIÈCE I

Plainte des habitants de Lormes contre leur curé.

(Arch. départ. de Saône-et-Loire, Série G, non classée)

Cejourd'hui quinzième du mois de janvier mil six cent soixante et treize, par devant nous Pierre Grosjean, licencié es loix, advocat en parlement et juge ordinaire au baillage de Lormes à la part de Châtelchignon, est comparu M° Paul Grosian, procureur du roy au grenier à sel de Châtelchignon et l'un des eschevins de cette ville et faubourgs, lequel a dit avoir faict convoquer les habitans de ladite ville au son du tambour pour lui donner avis que il importe de prouvoir (pourvoir) aux débas que le sieur de Maulevrain desservant cette paroisse suscitte journellement à ses paroissiens, sans qu'il leur veuille acorder la moindre conférance pour l'exercice des dévotions et devoirs, particulièrement de notre religion ; au contraire, il les traite avec tant de sévérité et de rigueur que non seulement il ne les veut pas confesser; mais il s'efforce d'empêcher que les sacremens ne leur soient distribués à son deffaut par les sieurs curés voisins et autres prêtres approuvés dans le diocèse, et parce que ceste nouveauté de servitude est formellement opposée à la liberté des consciences et à la sureté du salut des âmes, ledit sieur Grosian nous a démontré que ayant l'honneur d'estre eschevin en ceste ville, le mal est trop pressant pour n'y estre pas promptement pourvu ; que c'est ce subject qui l'a obligé de convoquer à ce présent jour d'huy, lieu et heure, à la manière du son du tambour, tous les habitans de ceste ville pour délibérer chacun d'eux librement sur ledit subject, estimant de son chef qu'il est important d'en informer Monseigueur le révérendissime et illustrissime évesque d'Autun, en la présence même dudit sieur de Monlevrain, et que, à cet effet, il soit pris, par quelqu'un qu'il plaira à l'assemblée, des députés, et prendre jour certain avec leurs députés pour aller à Autun et, en présence, respectivement s'expliquer par devant mondit seigneur l'évesque ou, en son absence, par devant Monsieur son grand vicaire, tant sur la nouveauté de sa doctrine qui a suscité plusieurs débats qui sont de la dernière conséquence pour le salut des âmes et liberté des consciences, et observer contre les parochiens les dernières rigueurs, leur refusant ses conférences particulières, ses confessions et ses visites en leurs maladies; à quoy sont comparus tous les soussignés, lesquels ont dit qu'ils sont dadvis d'exécuter les propositions et délibérations dudit sieur Grosian, leur eschevin, et que, à cet effet, il soit député des personnes pour faire les susdites remontrances à Monseigneur d'Autun sur les grands désordres de cette communauté, et que ledit sieur de Monlevrain soit prié de prendre jour, s'y trouver et s'expliquer, faisant élection, lesdits habitans, des sieurs officiers de cette ville, dudit sieur Grosian leur eschevin, se promettans que les aultres habitans plus zélés s'y trouveront si bon leur semble, affin de mieux authoriser par un nombre de leur voix plaintive le sensible sujet de leur désolation ;

Dont et de tout ce que dessus nous avons octroyé acte audit sieur Grosian, ce requerant, pour servir ce que de raison, en la présence des procureurs fiscaux de cette ville ainsy signés à l'original.

(Suivent les signatures).

Et lesdits jour et an dessus, nous, bailly susdit, nous estant transporté en l'église parochiale de ceste ville avec lesdits sieur Grosjean, juge, Grosian, eschevin et procureurs fiscaux et ledit Jourdan pris pour greffier, où, après ouij la sainte messe, estant tous réunis dans ladite église, nous nous sommes adressés audit sieur de Monlevrain, lequel nous avons prié et requis, tant de notre part que des dessusdits et de notre communauté, en vertu du pouvoir à nous donné par l'acte d'assemblée ci-dessus, de prendre tel jour qu'il luy plaira et de nous l'indiquer pour aller trouver Monsieur le grand vicaire d'Autun pour l'absence de Monseigneur l'évesque dudit lieu, sous promesse de nous y trouver ledit jour qu'il nous indiquera avec les dessusdits, afin de luy dire et remontrer nos justes plaintes et luy les siennes, s'il en a, les uns devant les autres, affin que ledit sieur de Montevrain n'aye à se plaindre de ce qu'on avait esté trouver mondit sieur le grand vicaire sans l'en advertir ; lequel sieur de Montevrain nous aurait répondu en présence desdits sieurs dessusdits qu'il n'avait que faire d'aller trouver mondit sieur le grand vicaire et qu'il n'irait point, mais qu'il donnerait seullement un mémoire ; à quoy luy ayant esté respondu qu'il serait plus appropos d'estre ouys les uns devant les autres, il aurait persisté à dire qu'il n'y voulait point aller ; et sur ce que nous luy aurions fait entendre que nous eussions esté bien ayses d'estre esclercis devant mondit sieur le grand vicaire de la nouvelle doctrine qu'il a preschée et fait prescher publiquement dans ladite église parochiale de cette ville, que en tout temps de l'année ses parochiens debvoient et estaient obligés de prendre des billets de luy pour s'aller confesser à d'autres prestres, et que c'estait à luy à leur indiquer tel prestre qu'il voudrait ; autrement que leurs confessions estaient invallides et qu'il les déclarait telles ; comme aussy de nous avoir un vicaire, comme il y est obligé, attendu qu'il y a plus d'un an qu'il n'y a eu que un seul prestre qui ait desservi cette paroisse, bien qu'elle soit composée de plus de quinze cents communians. Sur quoy il nous aurait dit que depuis qu'il a presché ce que dessus, il a parlé à mondit sieur le grand vicaire qui luy a dit qu'il ne fallait des billets pour s'aller confesser ailleurs que à pasques seullement, et, pour ce qui est d'un vicaire, qu'il n'estait obligé de nous en donner ung ; que, s'il en prenait ung, que ce ne serait que pour sa satisfaction et non pour celle de ses parochiens, et qu'il ne craignait que Dieu et qu'il n'estait obligé d'aller voir ses parochiens lorsqu'ils estaient malades que après en avoir esté adverty et requis. Et après cela, il nous aurait tous quittés et se serait retiré chez luy sans pouvoir avoir d'aultres raisons de luy. Dont et de tout ce que dessus nous avons

audit sieur Grosian, eschevin, ce requerant, octroyé acte
pour savoir et valloir ce que de raison, en présence de tous
lesdits sieurs dessus dits et de Monsieur Edme Bouchu,
procureur fabricien, honorable Claudin Selleux, marchand,
qui a déclaré ne savoir signer.

PIÈCE II

Mémoire adressé par les habitants de Lormes à l'évêque d'Autun.

(Arch. départ. de Saône-et-Loire, *loc. cit.*)

A Lorme, ce 9e may 1679.

Monseigneur,

Nous ne pouvons plus différer à faire nostre plainte à
Vostre Grandeur de l'insulte qui nous est faicte par le sieur
de Monlevrain, nostre pasteur, causée par son refus, à Pâques
dernier, de nous administrer les très augustes et très saints
sacrements de pénitence et eucharistie soubs le simple pré-
texte des cheptels introduits par la coustume de nostre
province du nivernois, lesquels il prétend estre usuraires, ou,
en tous cas, que nous les pratiquons usurairement, encore
bien que nostre pratique soit, non seulement conforme au
texte et sens littéral de la coustume, mais encore à l'usage
qu'en font toutes les communautés ecclésiastiques, les particuliers tant séculiers que réguliers qui composent le clergé,
la noblesse et tout le Tiers-Etat, nonobstant, Monseigneur,
que nous ayons faict ces remonstrances audit sieur Monleuvrain et que nous l'ayons asseuré nostre coustume avoir
esté redigée par escript par l'advis des trois estats de cette
province, en présence des commissaires que le roy lors
régnant y envoya pour l'effet de ladite rédaction, et que,
partant, nostre coustume ne pouvait pas estre arguée et
suspecte d'usure, révoquée ny changée sans la participation
des trois estats et par leur consentement ; eu égard que de la
mesme manière que les loix sont establies, elles doibvent
estre par les mesmes voix détruites et révoquées, ledit sieur

Monleuvrain n'a pas laissé de persister à son refus, ayant plusieurs fois dit en particulier et en publique qu'aucun de ses paroissiens qui auraient des cheptels n'aurait sacrements à la vie ny à la mort s'il n'entrait dans ses sentiments et ne les exécutait réellement tant pour le passé que pour l'advenir, quant mesme Notre Saint Père le pape, nostre invincible monarque et Vostre Grandeur le luy commanderaient.

Ledit sieur Mons Leuvrain a adhéré, en cela, aux opinions du sieur de Saint-Germain, prestre de l'Oratoire et prédicateur de ce lieu, le caresme dernier, qui avait publiquement presché, touchant les cheptels, que s'il estait confesseur des habitants de nostre ville, il ne leur conférerait aucuns sacrements, s'ils n'exécutaient ses décisions sur ladite matière, quant même les puissances susnommées le lui ordonneraient ; en telle sorte qu'il y a plus de six cents personnes dans nostre paroisse qui n'ont point receu, à Pasques dernier, aucuns sacrements et qui en sont actuellement privez.

Nous laissons, Monseigneur, à Vostre Grandeur à juger dans quels troubles et désolations ce refus a mis toute nostre communauté. Et comme nostre intention n'est pas de vous rien supposer, nous voulons bien vous avouer de bonne foy que ledit sieur Mont Leuvrain a donné des billets à quelques particuliers par lesquels il leur a permis de se confesser à certains curés du voisinage par luy indiqués ; mais les billets sont demeurés sans effet, par la raison que les curés indiqués s'en sont excusez, ou parce qu'ils sont dans les mesmes sentiments desdits sieur de Saint-Germain et de Mont Leuvrain, ou parce qu'ils auraient assez de leurs troupeaux à régir ss. s se charger de l'autruy.

Nous ons supplions donc, Monseigneur, et conjurons Vostre Gr. ur, par tout ce qu'il y a de plus sacré et de plus divin, voire mesme par vostre incomparable charité, d'apporter un prompt remède à un mal si pressant et dangereux ; car nous sommes très asseurez que, quelques intimations que Vostre Grandeur fasse à ce subjet audit sieur nostre curé, il n'y obéira jamais ; il en a trop de fois faict la déclaration publique et particulière. Il suffit, Monseigneur, de vous dire, sans blesser le respect que nous portons à Vostre Grandeur ny celui de la modestie, que l'opiniatreté et la contradiction sont son partage et celluy dudit sieur de Saint-Germain. Nous cognoissons visiblement que ça esté jusque à présent leur estude et application particulières, puisqu'ils ont un sentiment opposé touchant la pratique des cheptels introduite par nostre coustume depuis plus de quatre siècles.

Ces messieurs les réformateurs se sont bien voulu persuader que ces cheptels étaient un monstre horrible, pour avoir seuls l'honneur de la combattre et de la vaincre. Ils ont fait leurs efforts pour insinuer leur nouvelle doctrine sur ce sublect à quelques curés de vostre diocèse. A cette fin, leur ont faict signer une requeste concernant dix propositions qu'ils ont envoyée à Vostre Grandeur pour les luy faire décider ou en Sorbonne, lesquelles ils ne nous ont point communiquées, ces messieurs ne considérant pas que, pour rendre une telle décision contradictoire, il est besoin d'y associer tous les estats qui y sont intéressés, ou d'avoir leurs mémoires en général et en particulier, sans parler de l'intérêt que Sa Majesté y peut avoir.

A l'égard de vos très humbles serviteurs soubscripts, ils font une si petite figure dans leur province, Monseigneur, qu'ils n'osent pas vous envoyer leurs oblections contre cette doctrine nouvelle, tant de fois publiquement preschée, sur le sublect des cheptels, mesme le jour du vendredy sainct dernier, par un mélange odieux de cette matière profane avec la saincteté de la Passion de nostre amoureux Sauveur et Rédempteur.

Il est bien constant, Monseigneur, que s'il y a quelque changement à faire dans nostre coustume au titre des cheptels pour le baillage et siège présidial de Saint-Pierre-le-Moustier, avec les enclaves et despendances, tout le baillage du duché et pairie de Nevers, avec ses ressorts, membres et despendances, y sont mil fois plus intéressez que nous, et que l'on doict partant faire ce changement avec les personnes qui composent tous les estats de ces deux villes et de celles qui en dépendent par ressort.

Ces messieurs les réformateurs prétendus nous rapportent, pour principes de leur doctrine, des décisions faites en Italie, des bulles des papes, des consils et des assemblées faictes au sublect des sociétés d'animaux contractées de particulier à particulier ; mais tant s'en faut que toutes ces bulles, assemblées, consils et décisions tombent dans l'espèce de nos cheptels, qu'au contraire ils en sont estrangers, les choses estant examinées de près et à la lettre, supposé mesme que les opinions des canonistes d'Italie et des docteurs ultramontains eussent esté receues en France.

Cependant ces messieurs qui affectent de paraistre grands zélateurs pour le salut des âmes disent et preschent publiquement que nous sommes des larrons, des brigands, des voleurs et des tyrans pour ne pas vouloir entrer dans leurs opinions singulières opposées à celles de deux mille personnes aussy esclairées qu'ils peuvent estre.

Nous avons aussy appris, Monseigneur, avec un extresme chagrin, que, par une calomnie indigne du sacerdoce, ledit sieur nostre curé, à l'instigation dudit sieur de Saint-Germain, vous avait donné plainte contre les habitans de cette communauté : qu'ils auraient esté en sa maison curiale pour exsiter une prétendue sédition. Vostre Grandeur, Monseigneur, doict estre persuadée qu'il n'y a personne en ce lieu capable d'une semblable entreprise et d'un pareil scandale. Nous avons trop de respect et de vénération pour Vostre Grandeur, et la considération que nous avons pour Elle nous retiendra toujours dans les bornes d'une profonde humilité et modestie envers tous les curés et prestres de vostre diocèse. Ce n'est pas que nous n'ayons bien d'autres subiects de plainte contre le nostre ; car, vostre considération cessant, nous nous serions plains il y a bien longtemps à Nosseigneurs de Colbert, ministre d'Estat, et Othemain (?), intendant, de ce qu'il a tellement empesché aux femmes et filles l'usage des dentelles, que, pour les leur faire quitter, il leur a refusé les sacrements.

Nous avons ci-devant marqué à Vostre Grandeur que Sa Majesté estait intéressée à nos cheptels, et la raison est que c'est le seul et unique moyen commun aux païsans, marchands, bourgeois et autres personnes pour satisfaire à la taille, eu égard à la stérilité et ingratitude de ces montagnes où il ne croît pas, l'année la plus féconde, des bleds pour nourrir six mois les peuples qui les habitent, lesquels sont contraints de recourir, chaque année, aux greniers de la Bourgogne et des autres provinces voisines pour les faire subsister.

Il était instant, Monseigneur, d'informer Vostre Grandeur de toute la vérité affin qu'elle veille à la sanctification de tout ce peuple soubmis à vostre puissance spirituelle que l'on esloigne de leur salut par la privation des sacrements. Le remède de nos guérisons est entre vos mains ; nous les attendons de vostre ardente charité et nous supplions Vostre Grandeur d'estre persuadée qu'Elle n'a point, en tout son diocèse, de peuples plus respectueux, plus obéissans et plus soubmis à vos ordres et commandements que les habitans de la ville et paroisse de Lorme, et notamment les soubsignés qui, outre les vœux qu'ils font journellement pour Vostre prospérité spirituelle et temporelle, osent se dire, Monseigneur,

De Vostre Grandeur,

les très humbles, très obéissans et très soubmis serviteurs.

(Suivent les signatures, au premier rang desquelles figure celle du bailly).

PIÈCE III

Acte d'Appel des curés d'Entrains, Bitry, La Chapelle-Saint-André, etc.

(Arch. départ. de l'Yonne, G. 1858, fol. 203)

Nous soussignés, prestres, curés et vicaire du diocèse d'Auxerre, aiant appris que le 5 du mois de mars dernier, Nosseigneurs les évêques de Mir.[epoix], Sen.[ez], M.[ontpellier] et Boul.[ogne] se seroient transportés dans l'assemblée de la Fac.[ulté] de théologie de Paris, tenue en Sorbonne, et y auroient fait lecture d'un acte d'appel par eux interjeté au premier futur concile général et œcuménique librement et légitimement convoqué de la Constitution de Notre Saint-Père le Pape Clément XI qui commence par ces mots : *Unigenitus Dei Filius*, du 8 septembre 1713, auquel appel les docteurs de ladite assemblée auraient adhéré, Nous, susdits prestres, curés et vicaire, après protestation faite que nous n'avons jamais eu ny ne voulons avoir d'autre foy ny d'autres maximes que celles de l'Eglise Catholique, Apostolique et Romaine, et que nous conserverons toute notre vie le respect dû au Saint-Siège et à Notre Saint Père le Pape, déclarons que nous adhérons pareillement audit appel, et, en conséquence, avons appelé et appelons audit futur concile de ladite Constitution, donnons pouvoir à M. Rousset, soussigné, chargé des présentes, que nous constituons notre procureur, de déposer le présent acte d'appel au greffe de l'officialité de ce diocèse pour en avoir copie et expédition et requérir acte de notre présente déclaration à M. l'official ou à son vicaire général.

Fait à Entrains, ce premier Juillet de l'an 1717.

Signé : Denis, curé d'Entrains ; Rousset, curé de Saint-Cyr ; De la Maison, curé de Saimpuits ; Le Maigre, vicaire ; Denis, curé de Bietry ; Pougny, curé de La Chapelle-Saint-André ; Chapotot, curé de Saint-Père de la ville de la Charité ; Thibault, curé de Saint-Jacques de la ville de la Charité.

Apposé et mis au greffe de l'officialité d'Auxerre par M. Michel Rousset, preatre, curé de la paroisse de Saint-Cyr-les-Entrains, pour y avoir quand besoin sera.

Ce 1er juillet 1717.

Signé : Rousset, Billecault (official).

PIÈCE IV

Acte d'Appel du chapitre de Clamecy.

(Arch. départ. de l'Yonne, G. 1818, fol. 201)

Extrait des Registres capitulaires du chapitre de Clamecy, l'an de N.-S. 1717, le 30 août.

Nous, Pierre Antoine Carré, pr[être], docteur en théologie, chantre, chanoine et curé ; Mathurin More, Etienne Rameau, Louis Edmond Faulquier, Louis Maynardy, prêtre, chanoine de l'église de Clamecy, diocèse d'Auxerre, et Mtre Jean Le Seurre, prêtre, curé de Ouagne, qui s'est uni à nous, assemblés au son de la cloche, à la manière accoutumée, pour délibérer sur les affaires de notre chapitre et particulièrement sur les difficultés proposées par plusieurs évêques de France et les plus savantes facultés de théologie au sujet des propositions condamnées par la Const. *Unigenitus*, aiant reconnu comme eux dans cette condamnation régulière la vérité combattue, la morale affaiblie, les droits des évêques attaqués et les libertés de l'Eglise gallicane renversées.

La matière de cette importante affaire mise en délibération, nous avons résolu, d'une voix unanime, d'en appeler au futur concile général, comme de fait nous nous y appelons en adhérant à l'appel interjeté par Nosseigneurs les évêques de Mo.[ontpellier], de S.[enez], de M.[irepoix] et de Boul.[ogne], et depuis par plusieurs universités et diverses égl.[ises], pour les mêmes raisons et griefs dont il est motivé, déclarent néanmoins que nous conserverons jusqu'au dernier moment de notre vie le respect dû au Saint Siège apostolique et à Notre Saint Père Clément XI auquel nous rendrons toujours une obéissance filiale et canonique.

Donnons pouvoir au porteur de notre présente déclaration de la déposer au greffe de l'officialité d'Auxerre et d'en requerir acte.

Fait et conclu en notre chapitre, les jour et an que dessus, M. le chantre, président, et M. More, en messe du chapitre, sous nos seings et le sceau de notre chapitre.

Signé : Carré, More, Rameau, Maynardy, Faulquier, Le Seurre, curé d'Ouagne ; Millelot, secrétaire.

Apposé et mis au greffe de l'officialité d'Auxerre par M⁰ Pierre Ant. Carré, chantre et curé de Clamecy, pour y avoir recours quand besoin sera, ce 15 septembre 1717.

CARRÉ — BILLECAULT.

Sigillum capituli
clameciacensis

PIÈCE V

Rapport adressé à « Monsieur Dubut, conseiller du Roy, Lieutenant de la Prévosté Générale des Monnayes, rue Michel-le-Comte, près la rue du Temple, à Paris ».

(Bibliothèque de l'Arsenal, carton Bastille, n° 16193 —
Religion-Jansénisme, 1735-1740.)

De Cosne-sur-Loire, ce deux X^{bre} 1735.

Monsieur,

Quand jay eu l'honneur de vous voir chez Monsieur le Prevost à vostre retour de vostre operation à Tregny, je ne croyais pas que cette operation me procurerait l'occasion de vous escrire pour le mesme sujet et pour vous marquer qu'il conviendrait d'en faire a peu pres une semblable dans cette ville. Voicy ce qui s'y passe et qui doit y donner lieu.

Cette petite ville de Cosne a esté assez tranquille sur les affaires du temps avant la destruction de la Caballe de Tregny ; mais, depuis, le trouble et la division commencent a s'y introduire a peu pres comme faict la peste, parce que ce qui est resté de la Caballe de Tregny se jette icy, où il n'y a point a doutter qu'insensiblement le trouble et la combustion s'y mettent tout entières. Il y a à Cosne deux paroisses, celle de St-Jacques ou il y a un petit corps de chapitre composé des chanoines dont celuy qui a la dignité de chantre a le titre de curé. Il n'est ni janseniste ni moliniste ; c'est un enfant du lieu où est toute sa famille. Il a environ 40 à 50 ans, fait son devoir pastoral au contentement de tous ses paroissiens. Il suit son ancienne doctrine et ne prend aucun party sur les nouveautez. L'autre cure est celle de St-Agnan qui est dans le faubourg de cette ville. Le curé se nomme Ganot, fils d'un chapellier d'Auxerre. C'est un cabaliste du party janséniste, un entesté et un brouillon, un intrigant dans les affaires d'autruy, hayt et maudit de toutte la ville. La plus considérable partye de ses paroissiens de 20 à 25 ans n'ont point encore fait leur première communion, et cela sur les principes de Tregny.

Depuis que vous avez détruit cette Cabale, les assemblées jeanseniennes se tieune (*sic*) chez ce curé qui devient par là le second tosme du Père Terrasson. On y fait surtout grand chere. Un jeune ecclésiastique de St Germain de l'Auxerrois, à Paris, qui est icy depuis quelques mois comme pourveu d'une place de chanoine, que l'on nomme à Cosne Jean Guerin ; un autre ecclésiastique, à simple grade, nommé Le Rale, fils d'un cabaretier de Cosne, et le curé de la paroisse de Miennes, petite cure de 3o feux et de 2oo livres de revenu, qui est à un quart de lieue de Cosne, sont les principaux présidents de ces assemblées où l'on fait et instruit sans miséricorde le procès au party opposé. Ce curé de Mienne est, selon les apparences, un fugitif ou un exilé qui a demandé à M. l'Evesque Dauxerre la plus petite cure de son diocèze, qui lui a donné celle-cy qui estait desservie depuis longtemps par l'un des Augustins de Cosne. Cependant ce curé qui n'a pas de sa cure 2oo fr. de revenu a esté longtemps en pension dans un cabaret à Cosne où il payait 5oo fr., et à présent il est retiré chez une femme qui a deux filles, où il paye au moins la mesme pension.

Il se fait icy, de la part des Jeansénistes, charitablement des distributions de livres pour instruire le peuple, et un nouveau cathéchisme de Mons. Dauxerre. Il ma tombé entre les mains et jay actuellement plus¹¹ de ces livres qui estaient, à ce que l'on dit, envoyés par le curé de la paroisse de St-Père qui est attenant à la manufacture, qui me menasse de me faire un procès pour les avoir et de me faire encourir la hayne. la fureur et mesme l'excommunication des Jeansénistes qu'il dit qui ont le bras long.

Ces livres sont les grands et petits cathéchismes de Montpellier, l'Histoire critique de la Constitution et autres, et, entre autres, un certain Cathéchisme historique et dogmatique où il est mis au bas de la première page qu'il est imprimé à Lahaye au dépens de la Société. Ce livre que jay leu, me parait d'une dangereuse lecture. Il tend à séduire les simples et à prévenir les esprits, surtout des femmes et filles qui sont icy fort cultivées par les Jeansénistes. Ces livres viennent et sont envoyés de Paris par deux Jeansénistes séculiers chez lesquels se sont retirés, pendant bien du temps, des Convulsionnaires de différent sexe. L'un se nomme Frère André Jean Garnier, et l'autre Frère Pierre Trabot, tous deux archibigots et principaux Frères de la Société Jeansénisme. Ces deux particuliers ont retiré chez eux, ces années dernières, des Convulsionnaires. Ils en ont recueilli et fait imprimer les miracles et les prophéties, et le Frère Garnier est venu trois fois icy prescher ces miracles et ces prophéties.

Ce Garnier est un homme veuf qui a deux filles qu'il a fait renfermer ou à l'hospital ou à Ste Pellagie, pour suivre à son aise les affaires jeansénistes dont il a embrassé le party avec zèle. Il demeure à Paris, rue Quinquampoix, dans la maison qui est attenante la porte du bureau des marchands, du costé de la rue aux Ours. Il est encore le principal locataire de cette maison dont il tenoit autrefois magazin de soyries ; mais il n'occupe à présent que le troisième étage qui est le dernier, qu'il n'a conservé que pour y coucher et y retirer des Convulsionnaires. Vous trouverez cet appartement composé de plus^{rs} chambres, cabinets et coins mal en ordre, et quoy qu'il soit seul, vous y trouverez différents licts prati-qués dans des enfonçures de cheminées et embrasures de fenestres, lesquels licts on ne peut apercevoir, parce qu'ils sont cachés ou par des armoires ou autres meubles ou par des tapisseries qui sont au devant. Il en a mesme qu'il prétend estre si bien cachés qu'il est difficile ou impossible de les découvrir. Ce sont dans ces licts que couchent les Convulsionnaires et les autres passants de leur party. Vous trouverez chez luy generallement tous les écrits, papiers, estampes et livres proscrits et deffendus et une infinité de rellations de la Caballe. Mais ledit Garnier ne réside presque point chez luy. Il en sort le matin à cinq heures ; il va à la messe à St-Josse ; de là il employe sa journée aux affaires des Jeansénistes. Il rentre néantmoins quelques fois deux ou trois fois dans la journée chez luy. Il dîne et souppe chez le Frère Pierre Trabot, auquel il sert souvent d'homme d'affaire et de garçon de boutique.

Lorsque ledit Garnier est renfermé chez luy, jamais il n'ouvre la porte à telle personne que ce soit, à moins de se faire connaître par le signal de la Société. Ce Garnier est un petit homme d'environ 4 pieds huit pousses, de moyenne corporance, de l'âge d'environ 40 à 45 ans, ayant le visage un peu long, le nez un peu acquilain, le poil et les soucis bruns-gris, portant petite perruque, le bonnet brun et grizaille, sans poudre, un habit uny, quelquesfois brun-marron, quelquesfois gris, car il en a deux. Il porte la physionomie bigotte et hipocritte dans laquelle se trouve un air hardy, effronté et imposteur.

Il ne parle ordinairement qu'avec un zèle outré des affaires de la Constitution et avec onction du Jeansénisme ; tâche de convertir et d'attirer à luy ceux à qui il parle, et pour le peu qu'il se croye libre de parler, il déclame avec outrance contre le ministère, contre les jésuittes, contre l'archevêque et contre tout ce qu'il croit avoir trait ou rapport au Molinisme. Il porte à son doit laneau de la Société qu'il appelle laneau des Frères. Il en donne un pareil à ceux qu'il enrolle dans son party. Cet aneau est une petite bague d'argent dont le diament est aussy d'argent ; elles se vendent chez lorphevre de la Sociétté, qui demeure au coin du Pont au Change, vis à vis la grande porte du Ch^let. Le prix est de dix sols pièce. C'est cet aneau qui fait connaître les vrayes Frères de cette Sociétté.

Si vous voulez vous asseurer de tous ces faits, il vous sera facile en apostant quelqu'un non suspect de pollice auprès dudit Garnier, car il connaît tous les officiers de pollice et ceux qu'ils employent. Ceux que vous voudrez aposter pour faire connaissance avec luy doivent imiter le bigot, mettre à leurs doits laneau dont je viens de parler et se dire de la Sociétté. On peut l'aller trouver de la part du curé de Saint-Agnan et du curé de St-Père, proche de Cosne, pour luy demander un moyen de faire rendre à ce curé de St-Père les livres qu'il luy a envoyés charitablement, le remercier de sa charité, de son zèle et beaucoup exalter ses bonnes œuvres, expliquer que sa charité est sy grande que, sans son secours, ce pauvre curé est sy ignorant que tous ses paroissiens courent risque d'estre damnez.

Sy vous avez besoin de plus fortes instructions à cet égard, je pourray encore vous en donner. Vous trouverez Garnier chez le Frère Pierre Trabot. C'est (ce dernier) un marchand de soye qui demeure rue St-Honoré, à l'enseigne du Cheval blanc, attenant la petite porte de la boucherie de Beauvais. C'est son camarade, un autre jeanséniste outré. Vous trouverez chez lui, dans un petit cabinet qui donne dans le fonds de son magazin et qui a vue sur la boucherie, dont la porte d'entrée se tire à coulisse, les mêmes écrits, livres, papiers et estampes. Chez Garnier, et dans son trois' étage où il retirait des Convultionnaires, vous en trouverez anssi, et peut estre des Frères de la Societté.

Je reviens à la distribution qui se fait icy du cathéchisme de Mons' Dauxerre. Le curé de S'-Aignan et les autrés de son party le préconisent ; mais celui de S'-Jacques y ayant trouvé quelques difficultés, en escrit à Mons' Dauxerre qui luy a fait réponse qu'il le ferait examiner et qu'il réformerait ce qui ne serait point convenable. Ce curé n'a pas laissé que d'annoncer ce cathéchisme au prosne, et en mesme temps il a dit qu'il ne conseillerais point d'en faire usage ny de le faire apprendre aux enfants jusqu'à ce qu'il fût réformé sur les points douteux.

Peut de temps après, il est venu icy un M' d'école envoyé par M' Dauxerre pour enseigner le cathéchisme. Le curé de S'-Jacques ayant dit à quelques-uns de ses paroissiens de ne point se servir du nouveau cathéchisme ny de la lecture des livres, cela a fait une espèce d'émotion. Il s'est tenu des assemblées jeanséniennes, ce qui a donné lieu à dire que Tregny estait retably à Cosne. Les Jeansénistes ayant dénoncé le curé de S'-Jacques à Mons' Dauxerre, il a envoyé son official et son promoteur qui sont actuellement icy à informer contre luy de ce qu'il soppose a son cathéchisme et à la lecture des livres de Garnier. On a hier beaucoup assigné de tesmoins qui sont les filles, femmes et bigottes de la paroisse a qui on fera faire dire bien du mal contre ce curé.

Tout cecy fait un desordre et un scandal, et je crois qu'il conviendrait y mettre ordre plustot que plus tard, car il pourait arriver que le mal segrira et deviendra incurable. Il arrive souvent que les branches d'une Caballe détruitte sont plus a craindre que la Caballe mesme, et que lors qu'on croit detruire un arbre en abattant le tronc, les racines poussent des rejettons qui deviennent plus forts.

Vous ferez là dessus ce qu'il vous plaira. Jay crus devoir

vous en donner avis comme estant la suitte de l'affaire de Tregny, sans y prendre d'autre party que celuy que tout homme sensé doit prendre dans une telle ocurrence. Je vais partir pour Lion, pour les affaires de Monsr le Prevost à qui je vous prie de faire mes complimens sy vous le voyez.

J'ay l'honneur d'estre très parfaitement, Monsieur, vostre tres humble serviteur.

RIGAULT,
A la manufacture Royalle de Cosne.

ERRATA

***

Page 95. — Au lieu de : conscription, lire *circonscription*.

Page 115. — Au lieu de : qu'ils gratifiaient de « nouveaux hérétiques », lire : qu'ils *qualifiaient* de « nouveaux hérétiques ».

TABLE DES MATIÈRES

Nevers. — Imprimerie de la Nièvre, 24, Avenue Georges-Clemenceau.

9 782019 311810